Jörg Dauscher
Albanische Episoden

Eine Reise

JÖRG DAUSCHER

ALBANISCHE EPISODEN

EINE REISE

KLAK

In Memoriam Jörg Kuglin
1945–2018

Über den Berg

Mir träumt von dieser Stadt, von ihren Stimmen, vom morgendlichen Gesang des Muezzins, den Tonleitern der Oboen aus dem Konservatorium, den Stimmübungen der Sänger, dem frühen Kaffee am Bazar, den graugeschichteten Steinplatten auf den Dächern der alten Häuser, den weiß getünchten Fassaden und dem Pflaster der Straßen – der Straßen, die zuweilen Stiegen sind, deren quadratische Steine leicht schräg in den Hang gesetzt sind, so dass jeder Tritt sitzt, sobald man sich bergan müht oder bergab läuft. Im Traum ging ich erneut hinauf in das Viertel Dunavat, ich flog ohne Anstrengung vorbei am Zekate-Haus, blickte über das nächtliche Tal auf die seltsam schroffe, fast nackte Wand des Lunxhëria-Gebirgszuges, suchte die Stelle, wo einst die antike Stadt Antigonea gelegen war, die Akropolis des Königs Pyrrhus, von der kaum etwas übrig ist, nur noch drei Säulen, die aufrecht stehen, Grundmauern und Steine im Gras. Antigonea, welches im zweiten Jahrhundert vor Christus an Bedeutung verlor, schließlich von den Römern gebrandschatzt und anschließend aufgegeben wurde, während an den Hängen gegenüber alsbald eine Neugründung an Einfluss gewann: Argyrokastro, Gjirokastra, die Silberstadt, erbaut aus den grauen, unter südlicher Sommersonne silbrig schimmernden Steinplatten des Mali i Gjerë.

Ich war im Mai nach Gjirokastra gekommen, so wie man nach Rom kommt oder nach Jerusalem, hatte von Delvina aus den Mali i Gjerë überquert, war auf einem Büßerpfad bergan und auf Pilgerwegen hinunter nach Goranxi gegangen, zwölf Stunden lang unterwegs und habe mit der Frühlingshitze gekämpft, mit Wasserknappheit und dem kniehohen Klee. Ich weiß noch, wie ich ausgepumpt vor einem Bier im Restaurant MAPO saß, auf die entsetzlich jäh aufsteigende Flanke der Lunxhëria sah, welche auch durch das Abendlicht nicht an Milde gewann, und bei mir dachte: Dort, Junge, gehst du nicht mehr hinüber, das lässt du sein! Was ist das für ein Land, dachte ich, dessen Berge so erhaben sind, dessen südliche Küste sich innerhalb weniger Kilometer zu Zweitausendern aufschwingt, an denen sich im August und September die Wärmegewitter austoben? Was ist das für ein Land, in welchem dem Fremden mit ausgesuchter Freundlichkeit und Neugierde begegnet wird, in dem du binnen Minuten am nächstbesten Plastiktisch zu sitzen kommst und dir jemand Raki einschenkt? Aus einer Plastikflasche und immer selbstgebrannt. Was ist das für ein Land, in dem die Leute nicht antworten, wenn du nach dem Weg fragst, sondern dich am Arm nehmen, um dich zu führen, was ist das für ein Land? Was ist das für ein Land, in dem Siedlungen und Aussichtspunkte nicht von Schildern angekündigt werden, sondern von kleinen, pilzartigen Betonbunkern?

Zehn Jahre zuvor war ich zum ersten Mal in Albanien gewesen, damals ein leiser Schock, ein Land scheinbar außerhalb des Kontinents, jenseits der Warengesellschaft: ein Land, das von ganz anderen Werten bestimmt war, als den Zahlen auf den Geldscheinen, ein Land, in dem jedoch bereits Plastiktüten und Plastikflaschen massenhaft verwendet wurden, als hätte es nie etwas anderes gegeben. Jede Zitrone, jede Tomate wurde in dünnem, blauen Plastik über die Ladentheke gereicht. Eine Müllabfuhr jedoch gab es nicht, einzig ein paar ungeleerte Tonnen da und dort, aus denen sich die streunenden Hunde bedienten, und Plätze, an denen der Müll gewohnheitsmäßig abgeladen wurde – dort aber nicht, wie zuvor, zuverlässig verrottete und letztlich verschwand, sondern liegen blieb, unbeeindruckt von Wetter und Witterung fortlebte. Ich weiß von Kujtim, dass dieser im Anschluss an einen ersten kurzen, keineswegs legalen Ausflug nach Griechenland Anfang der neunziger Jahre, genau einen Gegenstand mitgebracht hatte und zuhause begeistert umher zeigte:

– Schaut, wie genial! Was die produzieren können, wie leicht und doch so stabil!

Einer leeren Plastikflasche Coca-Cola war es bestimmt, in Gjirokastra ein neues Zeitalter anzukündigen. Anfang vierzig war Kujtim damals gewesen und war, wie so viele, zu Fuß aufgebrochen, einfach nur um die Welt der Lichter aus der Nähe zu sehen – jene Welt, die von Korfu aus jede Nacht aufleuchtete und von Saranda, Qeparo oder Dhërmi gut zu sehen war.

Keinen Plan zu haben, keine Reservierungen vorab zu tätigen, nur ungenau zu wissen, wo man sich befindet, erweist sich in Albanien immer wieder von Vorteil, denn so und nur so kann die Macht der Zufälle ihr Spiel spielen. Vom neuen Hostel, das ein Niederländer unlängst in Gjirokastra eröffnet hatte, und vom Babameto-Haus, welches bereits seit Jahr und Tag eine Herberge war, wusste ich, nicht jedoch vom Hotel Sopoti. Dass ich an diesem nicht vorbeikam, nachdem ich das Bier ausgetrunken, den Rucksack wieder geschultert hatte, um den Bazar hinaufzusteigen, lag nicht am handschriftlichen Schild im Fenster, welches die Zimmer auslobte. Es war schon Dunkel, die Stadt spärlich erleuchtet, und ein Schatten sprach mich an, auf Englisch:
– Wohin des Weges, Wanderer?
– Ein Nachtlager finden, zum Babameto.
– So tritt ein, noch ist nicht Schlafenszeit.
Ich landete in der Empfangshalle des Sopoti-Hotels, die einzig mit einer sterbenden Yuccapalme und einem braunen Sofa möbliert war. Der Schatten stellte sich als Kujtim vor und sagte, der Nachwächter wäre sein Freund, man würde gerade Raki trinken und dazu etwas Käse aus Zagoria und ein paar Tomaten reichen. Kujtim stellte sich im Licht betrachtet als älterer Herr heraus, mit grauem aber vollem Haar, den Gesichtszügen eines Aristokraten und den Händen eines Arbeiters. Ich solle doch den Rucksack ablegen und mich dazu gesellen! Wo ich denn herkäme, so wie ich aussähe?
– Aus Delvina? Zu Fuß? Nicht die Möglichkeit!

Kujtim lotste mich in die Pförtnerloge, sein Freund, der Nachtwächter, schob einen dritten Stuhl heran, Kujtim füllte ein Glas mit Raki und entfaltete vor mir ein Paket mit Käse und Tomaten.

– Nun aber erzähl, aus Delvina also?

Kujtim musste übersetzen, denn er allein war des Englischen mächtig, beider Urteil aber fiel eindeutig aus. Alleine über den Berg, das macht man nicht! Zu zweit, nun gut, wenn es denn sein muss! Aber doch nicht alleine! Nicht einmal, wenn man kräftig genug sei und noch dazu im besten Alter, zu viel könne einem passieren. Es blieb mir nichts anderes übrig, als ein bisschen nachzugeben und Besserung zu geloben. Sie hatten ja Recht, wenn etwas schief geht, dann ist man alleine entsetzlich schlecht dran. Und dennoch hat es ganz entschiedene Vorteile, alleine zu gehen. Auf sich allein gestellt ist man niemandem Rechenschaft schuldig, kann sich seine Kräfte selbst einteilen, seinen eigenen Rhythmus finden und muss die Konsequenzen aller Entscheidungen selbst tragen. Von Delvina über den Mali i Gjerë bis nach Goranxi sind es lediglich zwanzig Kilometer, knapp 1300 Höhenmeter bis zum Sattel. Das war mir machbar erschienen, das Wetter war fabelhaft, sonst hätte ich es nicht gewagt. Was mir jedoch nicht klar war, dass es keine Wege geben würde, sondern höchstens vereinzelte Ziegenpfade. Was ich auch nicht gewusst hatte, wie steil diese auf den Kämmen nach oben ziehen würden, durch welch üppige Vegetation. Das albanische Bergland stand in voller Blüte, der feuchte Klee schoss fast kniehoch,

streckenweise war es, als würde ich durch Neuschnee waten. Dann wieder waren die Pfade zugewachsen, Ginster und Brombeerranken verdichteten sich zu Tunneln, durch die ich bergan hindurchgehen musste. Der *point of no return* befand sich auf den ersten Alpenwiesen, als es ein wenig flacher hinüber ging zum nächsten Kamm und dann weiter zum schroffen Anstieg über bleiches, reflektierendes Gestein. Delvina lag bereits fünf Kilometer hinter mir, bis zum Sattel waren es ebenfalls noch fünf, der flachere Abstieg auf der Nordflanke würde mit noch einmal acht zu Buche schlagen. Um acht Uhr morgens war ich losgegangen, erst um acht Uhr abends würde ich im Dorf Goranxi ankommen und nur unter Schwierigkeiten noch eine Transportmöglichkeit ins nahe Gjirokastra finden. Denn Kleinbusse würden so spät keine mehr fahren, wozu sollte man abends noch nach Gjirokastra wollen? Auch ein Taxi gäbe es nicht, wie ich erfuhr. Stattdessen bot mir schließlich ein Tavernenbesitzer an, mich für ein paar Münzen hinüberzufahren. Die Taverne überließ er zu diesem Zweck sich selbst, außer mir hatte es keine weiteren Gäste gegeben. Und es war eine Taverne, weil man in Goranxi heute noch griechisch spricht.
Kujtim hatte die wichtigsten Punkte meiner Erzählung ins Albanische übersetzt, beide beglückwünschten mich, dass alles gut gegangen war und betonten, welch freundliche Stadt doch Gjirokastra sei. Ganz gewiss würde ich mich wohlfühlen. Wie lange ich denn bleiben wolle? Ich müsse doch sehr müde sein.

Müde war nicht das Wort, leer war ich, und dennoch glücklich ob der unverhofften Gesellschaft, des Rakis und des Käses. Da ich mich einmal hingesetzt hatte, entlastet vom Rucksack, sah ich überhaupt keinen Grund mehr, nochmals aufzubrechen.

Kurz wurde beraten, ob das Sopoti denn standesgemäß für mich sei.

– Weißt Du, das Sopoti ist schon in Ordnung, günstig obendrein, aber etwas vernachlässigt. Nicht ganz der heutige Standard.

Soviel Albanisch verstehe ich, dass ich mitbekam, wie Kujtim, als wir uns schließlich anschickten, die Treppen zu den Zimmern hinaufzusteigen, seinem Freund, dem Nachtwächter, mitgab, dieser möge mir doch einen von den guten Räumen geben, einen von den großen – mit Balkon nach vorne. Das Gespräch könnten wir ja anderntags fortsetzen, wenn ich Zeit hätte, was denn meine Pläne seien? Ich hatte keine Pläne.

– Gegen acht am Bazar?

– Gut, gegen acht! *Natën e mirë!*

Am nächsten Morgen, noch vor Sonnenaufgang, noch vor dem Einsetzen der Dämmerung, erwachte ich durch den Gesang der Muezzins. Wobei ich zunächst gar nicht erkennen konnte, wer da sang und woher die ungewohnten Töne kamen. Ich schlief mit offener Balkontür, als ein erster Gebetsruf anhob, in mein Zimmer und in meine Träume vordrang. Bald darauf fiel ein zweiter ein, dann schon ein dritter, der den Gesang zum Kanon verstärkte. Einen endlosen Moment lang lag ich halbwach und nahm an, die Stadt würde singen, die Steine hätten angefangen zu vibrieren. Dann aber kam ich zu Bewusstsein, trat auf den Balkon und konnte die unterschiedlichen Quellen des Gesangs ausmachen, die verschiedenen Richtungen in die Dunkelheit zurückverfolgen. Ich weiß nicht, warum das so ist, aber im Süden Albaniens singen die Muezzins, sie singen schön und sie singen mit Hingabe, künden im Kanon davon, dass Gott größer sei, größer als alles Menschenwerk. Es ist eine Anrufung im Wortsinne, jede Silbe ist gemeint. Im Halbschlaf, wenn die übrige Welt noch nicht erwacht ist, versteht man das, spürt man die Verbindung, die dadurch aufgebaut werden soll. Am türkischen Einfluss allein, an den Jahrhunderten osmanischer Herrschaft, kann es nicht liegen, denn dann müssten ja auch in Montenegro oder in Mazedonien die Gebetsrufe ähnlich melodiös und

stimmsicher ertönen, was meiner Erfahrung nach jedoch nicht der Fall ist. Der Gesang selbst ist jedenfalls der gleiche, sie singen den *Adhān*, den Gebetsruf, der überall auf der Welt ähnlich lautet und stets auf Arabisch ist: Eilet zum Gebet, eilet zur Seligkeit, *hayya ʿalā ṣ-ṣalāt, hayya ʿalā l-falāḥ*. Im sunnitischen Islam und also auch in Gjirokastra erfolgt darauf des Morgens noch der Hinweis, Gebet sei allemal besser denn Schlaf: *aṣ-Ṣalātu ḫayrun mina n-naum*.
Die Verabredung vom Vorabend mit Kujtim hatte ich nicht ganz ernst genommen, solcherlei Aussagen hatten sich häufig mehr als Höflichkeitsfloskeln denn als wirkliche Absichtserklärungen herausgestellt. Dennoch hielt ich es für angebracht, kurz vor Acht vor Ort zu sein, mir ein Café am Bazar zu suchen, um von dort aus das Geschehen zu beobachten. Es war noch früh am Tag, die Sonne schien bereits mit großer Kraft, die Fassaden leuchteten, das Pflaster glänzte, und die gesamte Stadt schien schon auf den Beinen. Das Kommen und Gehen, das Changieren, das Platz einnehmen, das Begrüßen und Weiterziehen, kam mir vor wie ein großes Schachspiel, dessen Regeln ich nicht ganz verstand. Als ich Kujtim kommen sah, wie er weiter unten in der Straße diesen und jenen begrüßte, mit schnellem Schritt ein paar Meter Höhe gewann, nochmals innehielt, wieder antrat, um mich schließlich zu entdecken, hinaufzukommen und Platz zu nehmen, da begriff ich, dass ich mitten im Morgenritual dieser alten Stadt gelandet war, dass jedermanns Weg über den Bazar führte, auch der Kujtims. Gjirokastra ist eine Kleinstadt, sie hat kaum zwanzigtausend

Einwohner, aber die Bazarstraße ist das Nadelöhr der Altstadt, jeder, der in der Oberstadt wohnt oder in die Oberstadt will und jeder, der von der Oberstadt in die Unterstadt will, muss hier durch: Die Schulkinder auf ihrem Weg, die Arbeiter und Tagelöhner, der Schuster, der Geldwechsler, der Barbier, die Barbetreiber, die Bäcker, die Byrekverkäufer und später am Tag auch die Busladungen an Touristen. Eine knappe Stunde mag das angedauert haben: ein Tidenhub an Menschen, zum übergroßen Teil Männer, der vor Beginn des Tagwerks miteinander den Tisch, den Kaffee, die Neuigkeiten teilte, um kurz darauf zu zerstäuben, in den Läden, den Büros und Schulen, den Werkstätten seinen Platz einzunehmen und vorerst nicht wieder zu verlassen. Kujtim musste in die Unterstadt, die Neustadt, um dort in irgendeinem Haushalt für ein Zubrot die Elektrik zu richten. Als pensionierten Elektroingenieur hatte er sich bezeichnet, die korrekte Übersetzung ins Deutsche aber würde auf Elektriker lauten. Wer nicht spätestens um halb neun wieder unterwegs war, wer sitzen blieb, einen zweiten Kaffee orderte, gehörte entweder zu den Ladenbetreibern der unmittelbaren Umgebung oder war ebenso nutzlos wie ich, ging keiner festen Beschäftigung nach und hatte keinen angestammten Ort.

– Ob ich Tourist sei, fragte mich der Barbetreiber.

– Nein, sagte ich frech, ich arbeite hier. Ich schreibe.

– Na dann, sagte er, dann kostet der doppelte Espresso nur 50 Lek. 100 ist für die Touristen, 50 für die, die arbeiten.

Gjirokastra ist griechischen bzw. byzantinischen Ursprungs, erlebte aber erst unter der osmanischen Herrschaft eine Bau- und Blütephase und wurde zum administrativen Zentrum, zur wichtigen Handelsstadt und zum Gerichtssitz. Zwischen 1450 und 1670 wuchs Gjirokastra von knapp zweihundert auf über zweitausend Häuser an, die – allesamt im osmanischen Stil erbaut – das Stadtbild bis heute bestimmen: das überhängende erste Stockwerk, die weiß getünchten Fassaden, die hölzernen Balkone und die Turmhäuser der reichen Familien. Das Besondere aber ist nicht der Baustil allein, sondern auch die Lage: die Stadt sitzt über der Ebene auf den zergliederten Ausläufern des Mali i Gjerë, die einzelnen Viertel strecken sich wie auf Fingern ins Tal, in der Mitte thront die Festung, gegenüber, keine zwanzig Kilometer entfernt, schiebt sich bereits der nächste Riegel aus schroffen Bergen vor den Horizont. Die Erhaltung hat die Stadt zum Gutteil ihrem wohl berühmtesten Sohn zu verdanken, dem einstigen Partisanenführer und langjährigen Diktator Enver Hoxha. Dieser hatte Gjirokastra bereits 1961 zur „Museumsstadt“ erklärt und Mittel bereitgestellt, die historische Bausubstanz zu erhalten und zu schützen wie sonst an keinem zweiten Ort Albaniens.

Inzwischen wurde die Stadt auf die lange Liste des Weltkulturerbes gesetzt und die Zahl der Besucher und insbesondere der Tagestouristen steigt von Jahr zu Jahr. An diesem ersten Tag in Gjirokastra sah ich mich noch nicht in der Lage, irgendeinen Ehrgeiz zu entwickeln, loszulaufen und Baudenkmäler zu besichtigen – stattdessen ließ ich mich im Restaurant MAPO nieder, gegenüber dem Hotel Çaputi und gewissermaßen am Eingang der Stadt, am Anfang der Bazarstraße. Ich bellte dem Kellner ein fast perfektes „*Pershëndetje!*" zu, so dass dieser sichtlich irritiert die Bestellung entgegennahm und erst einmal unterwürfig ausführte, vorsichtshalber. Bald jedoch flog ich auf, seine Gesichtszüge entspannten sich und er ließ mich wieder links liegen. Mit dem Albanischen verhält es sich wie mit Französisch: Erst wenn man maßlos übertreibt, trifft man den Ton. Und so freundlich die Albaner dem Gast bzw. dem Ausländer meist begegnen, so schroff und dominant gehen sie zuweilen mit ihresgleichen um. Wer zum ersten Mal im Land ist, dem kann es passieren, dass er einen schnellen, freundschaftlich-offenen Austausch unterschiedlicher Standpunkte mit einem Streitgespräch verwechselt und sich auf eine Eskalation gefasst macht, die jedoch nie eintrifft.

Von der Terrasse des MAPO aus konnte ich beobachten, wie Busse im Viertelstundentakt auf dem Platz vorfuhren, Schüler-, Studenten- und Touristengruppen ausgespuckt wurden, herumstanden, sich sammelten, um alsbald schnaufend den Weg durch den Bazar bis zur Burg hinaufzugehen. Ich drückte gegenüber dem Kellner, mittlerweile auf Englisch, meine Verblüffung über die schiere Anzahl an Reisebussen und Touristen aus. Ja, das sei immer mehr geworden in den letzten Jahren. Allerdings würden sie nicht bleiben, sondern nur kurz durch die Stadt marschieren, die Festung in Augenschein nehmen und wieder umkehren. Die Busse würden sofort entweder nach Berat gen Norden oder nach Saranda an die Küste weiterfahren. Bleiben würde in Gjirokastra fast niemand und wenn doch, dann bei Vollpension im Hotel Çaputi. Es sei ein bisschen wie Ebbe und Flut, morgens und ab dem späten Nachmittag gehöre die Stadt wieder den Einheimischen. Auch ins MAPO würden sich die wenigsten verirren, schlicht weil dazu keine Zeit sei. Zu eng getaktet seien die Pläne der Reisegesellschaften und Gjirokastra immer nur ein Punkt unter mehreren eines einzigen Tages. MAPO sei übrigens die Abkürzung für *magazina popullore*, denn zu kommunistischer Zeit wäre hier der Laden gewesen, in dem es manchmal dies gegeben hätte und ab und zu das. Sein Name sei Fatjon, ich solle doch später mit rüberkommen, in die andere Bar. Die würde sein Kumpel betreiben, nach Schicht ginge er meistens dorthin. Wie lange ich denn bleiben wolle? Und warum ich überhaupt hier sei?

Die erste Frage war einfach zu beantworten: Ein paar Tage, mal sehen. Die zweite schon ein wenig komplexer, denn Gjirokastra war all die Jahre lang ein leuchtender Punkt auf meiner inneren Landkarte gewesen, ich hatte Bilder der Häuser und der Viertel gesehen, ich hatte eine Vorstellung von den schroffen Bergen der Gegend. Trotz mehrfacher Albanienaufenthalte hatte ich es jedoch nie bis ganz in den Süden geschafft, war immer im Norden oder in Tirana hängen geblieben, von einigen Ausflügen nach Dhërmi an das ionische Meer einmal abgesehen. Dieses Versäumnis hatte ich nachholen wollen, indem ich von Korfu aus direkt in den Süden übergesetzt war, um das Landesinnere auf einer Strecke zu bereisen, die mir bislang unbekannt geblieben war und die ganz automatisch über Gjirokastra führen würde. Ich war mir sicher gewesen, dass diese Reise zu neuen Entdeckungen, zu neuen Erkenntnissen führen würde. Unsicher blieb ich hingegen, ob sich meine Faszination für dieses Land, für dessen Geschichte, ob sich meine Sympathie für die Bevölkerung als haltbar genug erweisen würden, um auch Jahre später noch zu tragen. Oder ob Albanien sich nicht inzwischen zu weit und wild fortentwickelt haben würde, so dass eine erneute Reise nicht die Neugier beflügeln, sondern die Nostalgie wecken würde. Ein ständiger Begleiter meiner Reiseabsichten, damals wie heute, waren warnende Stimmen. Nicht unbedingt nur von Ausländern, nein auch die Albaner begegneten bestimmten Landesteilen mit Vorbehalten. Im Norden war ich vor Jahren vor dem Süden gewarnt worden, namentlich vor der Stadt Vlora. Man würde dort noch Kalaschnikows tragen, das hatten mir albanische Bekannte versichert (welche ihrerseits noch ein paar Gewehre versteckt hielten, man weiß ja nie). Auch als wir seinerzeit von Shkodra aus aufgebrochen waren, um ins damals noch unerschlossene Valbona-Tal zu gehen, hatte es geheißen:

– Seid bloß vorsichtig, da oben leben sie wie die Tiere, da seid ihr nicht sicher!

Dieses Mal, noch auf der Fähre von Korfu nach Saranda, hatte mir ein im Londoner Exil lebender Albaner mit perfektem britischen Akzent erklärt: Die Küste schön und gut, aber bitteschön nicht in die Berge und schon gar nicht zu Fuß! Gerade auf mich allein gestellt würde ich mich dort allerhand Gefahren aussetzen. Nein, nein, von den Hunden und den Wetterumschwüngen würde er nicht reden, die Menschen meinte er, die Menschen dort! Alle diese Warnungen hatten sich mit großer Regelmäßigkeit als kompletter Unsinn herausgestellt, wenngleich sich jeweils ein historisches Ereignis oder ein bestimmtes Faktum als Grund der jeweiligen Voreingenommenheit ausmachen ließ: Die Aufstände von 1997 waren in der Tat hauptsächlich von der Hafenstadt Vlora ausgegangen, von dort aus wurden Militärdepots geplündert und wurde zu den Waffen gegriffen. Das Valbona-Tal war wirklich einst das Tal der Zurückgebliebenen, wo lediglich all jene ansässig geblieben waren, denen im Kommunismus der Zugang zu Ausbildung und Arbeit aus politischen Gründen verwehrt wurde. Delvina und das umliegende Bergland wiederum waren den Menschen aus Saranda deswegen suspekt, weil es zum großen Teil von der griechischsprachigen Minderheit Albaniens bewohnt ist. Aber selbst dann, wenn man die Warnungen in den Wind schlägt, und glaubt, es besser zu wissen, um sich trotzdem aufzumachen: Etwas bleibt immer hängen. Die Dosis mag gering sein und der Organismus sich dagegen wehren können, dennoch aber wirkt das Gift, beschwert das Gepäck ein wenig, sickert in Gestik und Haltung ein und bestimmt die Einschätzung der Wirklichkeit mit. Ich war vielleicht eine Stunde unterwegs, war hinter Delvina auf Feldwegen sanft bergan in Richtung der letzten Dörfer und der Bergflanke gegangen, als vor mir eine Staubwolke erschien, das Aufheulen eines altersschwachen Motors zu hören war, und ein ausgebleichter gelblicher Mercedes sich scheppernd über die steinige Piste in meine Richtung stürzte. Als das Auto auf meiner Höhe angekommen war, stieg der Fahrer in die Eisen, das Fenster wurde heruntergekurbelt und Discomusik quoll heraus. Zwei junge Albaner saßen darin, vermutlich auf dem Weg zum nächsten Billardsalon. Der Fahrer sprach mich an:

– Wo willst du denn hin?

– Über den Berg, nach Goranxi.

Der andere:

– Ach, sach' an! Hast du genug Wasser dabei, eine vernünftige Karte?

– Ich hab' GPS auf dem Handy.

Der erste:

– Na denn. Hüte dich vor den Hunden dort oben, mein Freund! *Udhë të mbarë!*

Alfons

Nach Albanien war ich erstmals im Spätsommer des Jahres 2006 gekommen. Damals segelte das Land in den Augen der Weltöffentlichkeit, so es überhaupt wahrgenommen wurde, noch ganz im unruhigen Kielwasser des Kosovokrieges und des landesweiten bewaffneten Aufstands von 1997. Albanien galt als politisch und ökonomisch instabil und das Auswärtige Amt warnte vor einem Besuch, wenngleich die bewaffneten Auseinandersetzungen schon Jahre zurücklagen und Albanien bereits im Aufbruch begriffen war.

Ich hatte mir Albanien jedoch nicht ausgesucht, etwa aufgrund einschlägiger militärhistorischer Interessen oder der Zugehörigkeit zu wahlweise einer marxistischen Splitterpartei oder einer missionierenden Religion. Auch einer Lust an Abenteuerurlauben und exotischen Destinationen war ich eher unverdächtig, hatte ich doch die meisten meiner Sommer an den immer gleichen Orten in Südfrankreich zugebracht. Albanien war vielmehr zu mir gekommen, ohne dass ich es hätte kommen sehen. Wie das geschehen konnte, das ist schnell erzählt.

Eine ganze Zeit lang hatte ich regelmäßig Leute bei mir aufgenommen, meine Wohnung mit Besuchern, Neuankömmlingen oder Berlinern auf Zeit geteilt. Dadurch hatte sich im Kreuzberger Freundeskreis eine Art Automatismus ergeben, bei mir nachzufragen, sobald wieder einmal jemand untergebracht werden musste. Und daher trat man auch an mich heran, als es galt, den Mitbewohner der Freundin eines Freundes auszuquartieren, weil die beiden in einem Zimmer hausten, was nach einer gewissen Zeit zur Last wurde, verständlicherweise. Ein „Architekturstudent aus der Schweiz", so hieß es und ich wollte schon nein sagen, weil ich glaubte, gerade viel um die Ohren zu haben, und mir weder die Schweiz noch die Architektur glücksverheißend erschien. Es waren noch die Zeiten, zu denen solcherlei Dinge durch Telefonanrufe geregelt wurden, also auch spontan entschieden werden mussten. Ich hörte mich sagen:

– aber…

und dann:

– …na gut, kein Ding!

Wir machten den Montagabend aus, denn es waren noch die Zeiten, zu denen man vorab wusste, wann man zuhause sein würde und wann nicht und entsprechende Verabredungen traf und auch einhielt. Und so kam es, dass Alfons mit einem Rucksack und zwei Koffern am Montagabend in meine Wohnung Einzug hielt, um sich nach kurzer Zeit als Albaner zu entpuppen, der in der Schweiz nur studierte und über das Austauschprogramm „Erasmus" nach Berlin gekommen war. Alfons hatte damals noch die Angewohnheit, seine Herkunft, wenn nicht zu verschleiern, so doch erst dann zu offenbaren, sobald man ihm gegenübersaß und er es für richtig befand. Wahrscheinlich hatte er auch seine Freunde angehalten, es ihm gleich zu tun. Und „Architekturstudent aus der Schweiz" war ja noch nicht einmal gelogen, sondern lediglich auf nützliche Weise verkürzt. Dass Alfons ausreichend Gründe für dieses Vorgehen hatte, muss nicht weiter erläutert werden.

Alfons ist einige Jahre jünger als ich. Würde man aber das Leben nicht in Jahren, sondern in zurückgelegter Strecke messen, dann lägen wir gewiss gleich auf. Alfons kommt aus einem nordalbanischen Dorf und hatte sich in den späten Neunzigern für ein Priesterseminar eingeschrieben, um an Fremdsprachen, an Kleidung und regelmäßige Verpflegung zu kommen. Das klingt erst einmal außergewöhnlich, ist es jedoch nur bedingt, denn in Albanien war es zu dieser Zeit fast unumgänglich, kirchliche Bildungsangebote zu nutzen.

Albanien galt seit Ende der sechziger Jahre als atheistisch, weil der Diktator Enver Hoxha es als solches deklariert hatte. Kathedralen waren zu Turnhallen, Dorfkirchen zu Viehställen, Moscheen zu Milizunterkünften umfunktioniert, Geistliche in die Verbannung oder in den Tod geschickt worden. Jegliche Religionsausübung stand unter Strafe. Im Zuge von Albaniens Öffnung zu Anfang der Neunziger stürzten sich die Konfessionen, Kirchen und Stiftungen auf das Land wie auf ein wehrloses Neugeborenes, fielen in großer Zahl ein und nahmen Schritt für Schritt die Arbeit wieder auf, setzten die Kirchen und

Kathedralen des Nordens, die Basilikas und Moscheen des Südens instand und nahmen sie wieder in Betrieb.
Geld und die damit einhergehenden Möglichkeiten waren in den ersten Jahren hauptsächlich über konfessionelle Kanäle nach Albanien geflossen: Neben der spirituellen Bedürftigkeit und der Sehnsucht nach Wiederaufnahme religiöser Familien- und Stammestraditionen ist die massenhafte Hinwendung der Albaner zur Religion gewiss auch mit der Freigiebigkeit deren irdischer Vertretung zu erklären. Mancherorts schien mir die Religionswahl im nachkommunistischen Albanien hauptsächlich nach pragmatischen Gesichtspunkten getroffen worden zu sein: Derjenigen Kirche wurde sich zugewandt, die in der Nähe lag und die etwas zu bieten hatte. Natürlich ist der Norden hauptsächlich katholisch geprägt und die Menschen wandten sich dort der christlichen Lehre zu, ganz im Süden hingegen der griechisch-orthodoxen Kirche und ansonsten dem Islam in all seinen Ausprägungen. Welcher Gruppierung, welchem Orden, welcher Ausrichtung und Schule aber man sich anschloss, dies schien eher dem Zufall geschuldet zu sein, der Verfügbarkeit und Zugänglichkeit – ganz so, wie ein hungriger Fisch nach jenem Köder schnappt, der ihm nah und appetitlich genug erscheint, ohne jemals nach dem Angler zu fragen.

Alfons begann also 1997 das neu gegründete Priesterseminar in Shkodra zu besuchen, anfangs noch in der Absicht, tatsächlich Priester zu werden. Der Abt ließ zu jener Zeit in fast allen Dörfern der Umgebung Kirchen bauen und Alfons besuchte die Baustellen, eine nach der anderen. Das erste Jahr verstrich, das zweite ebenso. Kurz bevor das dritte Jahr als Priesterschüler anbrach, wurde Alfons beim Billard von einem Freund, der nach jahrelangem Schweiz-Aufenthalt in sein Dorf zurückgekehrt war, unvermittelt gefragt, ob er denn wirklich Priester werden wolle.

– Nein! Ingenieur will ich werden. Oder Architekt.

– Hör zu, ich kenn' da Leute. In Bern. Morgen rufen wir an!

Anderntags spazierten beide von Naraç am Damm entlang nach Laç-Vau-i-Dejës, denn dort befanden sich das Postamt und die Fernsprecher.

Noch am selben Tag wurde es zur ausgemachten Sache: Alfons würde nach Bern gehen, zunächst bei einem Pastorenpärchen Unterschlupf finden, um zukünftig in der Schweiz zu studieren – bzw. es zumindest zu versuchen. Woran er sich heute noch erinnern kann ist, dass ihm Freunde ein paar Tage später ein Mobilfunkgerät in die Hand gedrückt hatten, sein erstes, so dass die Schweizer in die Lage versetzt wurden, sich bei ihm zu melden und er anrufen könnte, sobald er Bern erreicht haben würde. Andere steckten ihm Geldscheine zu, für die Reise und die erste Zeit, für das Nötigste: Möge er gehen und möge er es besser machen als die vielen, die vor ihm gegangen waren, nur um früher oder später zurückzukommen, die lediglich einen Kreis beschrieben haben und beim Gehen mehr in der Tasche hatten als beim Zurückkehren, als diejenigen,

die nicht nur ihr Geld ausgegeben haben, sondern auch ihre Jugend und die Hoffnung!
Und so geschah es, Alfons setzte sich ab. Der Abschied fiel leicht und schwer zugleich. Leicht, weil es ein Weg war und weil es der einzige Weg zu sein schien. Schwer, weil es von nun an nur noch vorwärts gehen würde, ohne Pause und in unbekanntes Gebiet. Und weil unklar war, wann Alfons sein Dorf, seine Eltern und Großeltern, seinen Bruder, seine Cousins und Cousinen wiedersehen würde.

Mit dem Glück des Tüchtigen und tatkräftigen Unterstützern organisierte Alfons von Bern aus sein Studium und damit sein weiteres Leben. Matthias und Beatrix, die beiden Pastoren, erkannten, dass es an Werkzeug fehlte und stellten Alfons einen Rechner hin. Alfons lernte schnell damit umzugehen und begann Bewerbungsmappen vorzubereiten, wegzuschicken und einzureichen, lebte kurz in Genf, wurde um Lohn betrogen, hatte für den Rest des Monats nurmehr Nudeln zu essen, aß Nudeln und borgte sich Geld für die nächste Mietzahlung. Dann schließlich kam der Brief mit der Zusage, der Zusage für ein Stipendium und das Studium der Architektur in Mendrisio, im Trentin. Das neue Leben hatte begonnen.
Nach dem Grundstudium ging Alfons für ein Semester nach Berlin, an die Universität der Künste, und verbrachte den ersten Monat bei mir. Regelmäßig saßen wir am Küchentisch und diskutierten über das Leben insgesamt und die Welt im Allgemeinen. Dabei fanden wir meist zu

einer außerordentlichen Klarheit und Einigkeit, sobald wir die Details hinter uns gelassen hatten und uns den großen Fragen widmeten. Mein Eindruck von Alfons als einer Art Samson, einem Kraftmenschen, einem Mann der Tat, festigte sich. Er war das Gegenteil eines Intellektuellen und richtete sein gesamtes Denken am Tun aus, am Bauen und Herstellen, am Welt gestalten. Irgendwann stellten wir fest, dass wir exakt die gleiche Fußform hatten: klein, breit, kräftig. Dass Alfons eine Zeitlang ein Paar meiner Schuhe benutzte oder ich es ihm ganz überlassen hatte, das begreife ich heute symbolisch.

Nach vier oder fünf dunklen Berliner Herbstwochen fand Alfons schließlich eine günstige Bleibe in Friedrichshain, packte seine zwei Koffer, schulterte den Rucksack und zog um. Die Hälfte des Betrages, den wir vorab für die Zwischenmiete ausgemacht hatten, gab ich ihm zurück, denn Alfons war als schweizer Architekturstudent zu mir gekommen, jedoch als albanischer Freund gegangen. Der Kontakt hielt, wir trafen uns während Alfons' Berliner Aufenthalts weiterhin regelmäßig. Als Alfons zwei Jahre später das schweizer Pastorenpaar, einen Studienfreund und mich in sein Dorf einlud – um uns alles zu zeigen, um uns seiner Familie vorzustellen, uns herumzuführen, auf dass wir die Schönheit der Zadrima-Ebene, den nahen Stausee, die Pinienwälder, den jungen Olivenhain mit eigenen Augen sähen, die Tomaten und die Zwiebeln schmeckten, den Raki genießen könnten – da war weder mir noch Alfons klar, auf was wir uns da alle einließen.

Transfer

Ich hätte nicht fliegen sollen, das schoss mir als erstes durch den Kopf, als das Flugzeug hart auf der Landebahn in Tirana aufsetzte. Draußen stand eine Reihe alter DC-10 wie vergessen, weggestellt wie altes Spielzeug, und wurde von allen Wettern angenagt. Die Maschinen zerfielen, wie alles, auf das kein Wert mehr gelegt wird, das keiner mehr pflegt und niemand mehr braucht.

Altmetall sei doch wertvoll, das war mein nächster Gedanke, der vielen der folgenden Gedanken ähnlich sein würde: Gedanken, die versuchen würden, sich einen Reim zu machen auf das Gesehene, Erlebte und Gehörte. Mein dritter Gedanke war eine Fortsetzung, eine Ausarbeitung des ersten, mein dritter Gedanke war, dass ich mir mehr Zeit hätte nehmen sollen für die Anreise, um zum Beispiel mit der Bahn nach Belgrad zu reisen, um über den Kosovo nach Albanien zu gelangen – oder um von Bari aus mit dem Schiff überzusetzen, so dass Albanien ganz langsam erscheinen würde, die weichen, spätsommerlich nackten, von der Hitze ausgebleichten Hügel zwischen der Hafenstadt Durrës und Tirana sich langsam über den Horizont strecken und mit jeder Minute Fahrzeit an Kontur gewinnen würden. Ich hätte nicht soviel Distanz, soviel Landmasse im Flug überwinden, mich nicht einfach mit dem Flugzeug hinunterfallen lassen dürfen – auf eine Piste aus

Betonplatten der kommunistischen Zeit, von deren Fugen der Pilot eine beim Aufsetzen getroffen haben musste, wie ich mir ausmalte. Von München aus nach Tirana zu fliegen, das ist vielleicht der schnellste Weg, aber gewiss nicht der beste. Ich aber hatte es eilig gehabt, hatte in Berlin noch ein Projekt abschließen, dann aber auf schnellem Weg nach Nordalbanien reisen müssen, um dort mit Beatrix und Matthias, den beiden Berner Pastoren, noch ein paar Tage zu verbringen, denn diese waren schon früher angereist und würden auch früher wieder abreisen. Auch David, Alfons' Studienfreund aus der Schweiz, war schon längst vor Ort und ich der Nachzügler.
– Du wirst noch lernen müssen, wie man reist, wie man richtig reist, dies war mein nächster Gedanke, als das Flugzeug die kurze Strecke zur Parkposition fuhr. Die Betonplatten verursachten ein Geräusch, als würde man zu langsam über Brandenburger Landstraßen fahren, an einer längst aufgelösten LPG vorbei, und ich sagte mir:
– Gut, dann lerne ich das eben jetzt, richtig reisen – unsicher ob der Gedanke zuvor wirklich meiner gewesen war und ebenso unsicher, ob es so etwas wie falsch reisen überhaupt gibt.

Er würde mich schon abholen, nur keine Sorge, hatte Alfons geschrieben, dann aber in regelmäßigen Abständen per SMS nachgefragt, wann der Flieger landen würde. Ich antwortete jeweils sofort (oder was damals als sofort galt, sagen wir innerhalb der darauf folgenden zwei Stunden), musste aber auf Alfons' Antworten wiederum tagelang warten, nur um erneut dieselbe Frage gestellt zu bekommen: wann der Flieger denn nun wirklich landen würde? Dass ich abgeholt würde, dies schien mir daher keineswegs sicher. Und das war es auch nicht, wie sich erst später herausstellte, denn Alfons arbeitete hart daran, die Kommunikation mit mir überhaupt am Laufen zu halten. Es gab damals einen oder zwei internetfähige Computer in Naraç, die sich mittels Modem in ein Netz einwählten, das keineswegs dicht gewebt und zudem von häufigen Stromausfällen betroffen war. Festnetz gab es in Naraç kaum und es wird sich auch nicht mehr durchsetzen, diese Phase der Kommunikation hat Albanien elegant übersprungen. Das Mobilfunkgerät wiederum, welches Alfons gelegentlich benutzte, war das seiner Mutter. Gleichzeitig arbeitete Alfons ebenso hart daran, ein Auto aufzutreiben. Alfons' Eltern besaßen kein Auto, also musste irgendeinem autobesitzenden Cousin ein nachmittäglicher Aufenthalt in Tirana schmackhaft gemacht werden, um mich am frühen Abend am Flughafen abzuholen und dann zweihundert Kilometer in ein Dorf zu fahren, in dem nichts los ist. Warum sollte jemand, der am späten Vormittag nach Tirana fährt, die Hauptstadt am frühen Abend wieder verlassen? Alfons aber hatte es vollbracht: vor dem Flughafen Rinas stand ein Benz aus den Achtzigern und ein Platz darin war noch frei. Zwar hätte es die Möglichkeit gegeben, sich mittels der häufig verkehrenden Minibusse (der *Furgons*, mehr dazu später) zwischen Naraç über Shkodra nach Tirana und zum Flughafen zu bewegen, aber dies wäre nicht standesgemäß gewesen, nicht aus albanischer Sicht: Man kann nicht jemanden erst einfliegen lassen und dann auf Minibus-Tournee schicken! Nicht in Albanien. Ein Auto, ein Mercedes-Benz, der vor dem Flughafen steht, ein dunkelblauer Benz (mit ausreichend Benzin, einigermaßen guten Reifen und nur wenigen Spuren von Steinschlag auf der Windschutzscheibe) sowie ein veritables Empfangskomitee, das mich in seine Mitte nimmt und mit dem ich nach Norden und in die Nacht fahre, das ist standesgemäß und so muss es sein, nur so kann es gehen!

Ich glaube, dass mir passiert ist, was vermutlich heute noch vielen Albanienreisenden widerfährt: Ich wurde in Erstaunen versetzt. Nicht in ein passives Erstaunen, denn zum erstaunt Innehalten fehlt in Albanien die Zeit – Albanien ist immer in Bewegung, auch wenn die vielen Bewegungen manchmal in Leerlauf münden und dies lange keiner merkt – sondern vielmehr in ein aktives Staunen, welches sich dadurch ergab, dass ich mich in Umstände und Bezüge geworfen fühlte, die ich mir anfangs weder erklären konnte noch überhaupt zu erklären versuchte und stattdessen damit beschäftigt war mitzuhalten, zu reagieren. Die drei anderen jungen Männer, die mit mir und Alfons im blauen Benz nach Norden fuhren, deren Namen ich mir zu merken schwer tat, würden innerhalb der nächsten Tage allesamt wie zufällig immer wieder auftauchen, mich zum Billard entführen, mit mir in der Dorfkneipe Kaffee trinken, mich auf einem Ausflug begleiten. Erst später begriff ich, dass all das nicht zufällig geschehen, sondern in kompliziert Art und Weise orchestriert worden war, einzig zu dem Zweck, dass der Ausländer zu jedem Zeitpunkt behütet sei und keinesfalls in Langeweile verfiele.

Vorerst aber waren wir noch unterwegs nach Norden. Die Straßenführung schien mir seltsam, denn teils rasten wir auf ausgebauten Autobahnstrecken, teils mussten wir über Schotterpisten durch Senken, hinüber über alte, einspurige Brücken, gewannen anschließend wieder an Fahrt, nur um kurze Zeit später wieder abbremsen zu müssen, weil sich Straßenbelag und Streckenführung erneut geändert hatten, gewissermaßen zurückgefallen waren in alte Gewohnheiten. Auch schien die Fahrbahn (so wie es heute immer noch der Fall ist, wenngleich die Strecke mittlerweile komplett und einheitlich ausgebaut wurde) allen möglichen Verkehrsteilnehmern offen zu stehen: Am Straßenrand, an Autobahnzubringern, standen Leute mit Gepäck, in der Hoffnung auf einen Platz im nächsten Minibus, Pferdekarren schleppten sich rechts des Asphalts dahin, Mopeds sausten an den sich stauenden Automobilen vorbei. Sogar ein Reiter, sein Pferd im Galopp, überholte uns rechter Hand, kurz bevor wir von der Hauptstraße, der Hauptverkehrsader nach Norden, abbogen auf eine schmalere Straße, um wenig später und schon in tiefer Dunkelheit erneut abzubiegen und das kaum beleuchtete Dorf Naraç zu erreichen. Kein Mond schien, Laternen gab es nicht,

spärlich waren einzelne Häuser beleuchtet, andere blieben vollständig im Dunkeln.
– Dies sei das Haus seines Onkels, sagte Alfons, und deutete in die schwarze Nacht hinaus, dort sei ich zusammen mit David, Alfons' Studienfreund, untergebracht. Der Onkel aber sei nicht da, der sei in Griechenland.

Schon diese erste Fahrt, die schiere Dauer, der Wechsel der Geschwindigkeiten, das Beschleunigen und Abbremsen, der unterschiedliche Zustand der einzelnen Straßenabschnitte, die Konzentration auf die Gespräche, das Radebrechen, das Beantworten von nur ungenau verstandenen Fragen, die fortdauernde Unterhaltung im Auto, die immer wieder in das Albanische wechselte, nur um Minuten später mittels weniger englischer Vokabeln mich doch wieder einzuschließen, die Unmöglichkeit in den Sitz zu sinken und zu entspannen, die müde Alertheit, die sich aus all dem ergab – samt der hereinbrechenden Dunkelheit, der Unsichtbarkeit der Landschaft, der Unmöglichkeit von Orientierung – verwirrten mir den Sinn für Raum und Zeit. Als wir in Naraç ankamen, wusste ich die Uhrzeit nicht mehr, es hätte bereits elf Uhr sein können oder auch erst sieben. Ich wusste es nicht mehr, als der Mercedes vor Alfons Elternhaus schließlich anhielt, ich mein Gepäck entlud, die Jungs davonfuhren und Alfons mit mir durch den Garten in Richtung Haus ging. Wir waren direkt zu Alfons' Eltern gefahren, wahrscheinlich weil man mit dem Abendbrot auf mich wartete und weitere Verzögerungen vermeiden wollte. Links und rechts aus dem Dunkel der anliegenden Gärten bellten die Hunde, Gjin, Alfons' Vater, nahm mich in Empfang. Er komplimentierte mich mangels Alternative auf Albanisch hinein, nahm mich am Arm und führte mich in das Wohnzimmer, wo Beatrix, Matthias und David um den niedrigen, quadratischen Tisch herumsaßen. Alle standen kurz auf, Alfons stellte uns vor und ich setzte mich neben Gjin auf den mir angewiesenen Platz während dieser damit begann, Bierdosen vor mir aufzubauen.

Salat aus Zwiebeln und Tomaten aus dem Garten, milder selbst gemachter Kuhkäse, eine Art Ei-Kartoffel-Gratin und Unmengen an Geflügel, mindestens vier ganze Tiere, grob in ihre Einzelteile zerlegt, ob Truthähne oder Enten, ich weiß es nicht zu sagen, wurden aufgetragen, wurden aus der Küche gebracht – von unbekanntem weiblichen Personal (von den Cousinen, wie ich später erfuhr, die nach getaner Tat, ohne vorgestellt worden zu sein, nach Hause entschwanden). Vor dem Zimmer, im breiten Flur, hatte Alfons' Großmutter kauernd Position bezogen, um von dort aus das Geschehen zu beobachten. Sie trug traditionelle Tracht, eine weiße Leinenbluse, einen dunklen Überrock mit reich gewebten Stickereien sowie ein kompliziert gefaltetes Kopftuch. Zuvor hatte sie mich zur Begrüßung aus ihren kleinen, grauen Augen lächelnd gemustert und immerfort leise den Kopf geschüttelt, so als würde sie überlegen, welcher ihrer Enkel ich denn nun sei und wo, in welchem Ausland, ich mich denn so lange rumgetrieben hätte.

Dann endlich erschien auch Dike – Alfons' Mutter hatte die Küche schließlich verlassen, um sich zu uns an den überreich gedeckten Tisch zu setzten.

– *Jorgo, how are you?*

– *Fine!* erwiderte ich, was nicht ganz der Wahrheit entsprach, und setzte hinzu:

– *And how are you?*

Alfons hatte mir erzählt, dass seine Mutter neuerdings Englisch lernen würde. Dike aber erwiderte nicht, sondern senkte nur den Blick und lächelte nach innen, rieb sich die Hände auf den Oberschenkeln und forderte schließlich die Runde auf Albanisch auf, doch endlich zuzugreifen. Gjin wiederum griff zu einer Plastikflasche, füllte mir jenes Glas, das ich für ein Wasserglas gehalten hatte, randvoll und erklärte:

– Raki!

Schlug sich auf die Brust und deutete hinaus in den Garten.

– *Rrushi!*

Raki aus Trauben, sein Raki. Aus dem Garten. Aus seinen Trauben.

– Und nun trink, Freund! *Gëzuar!*

Ich hatte mir Alfons' Eltern aufgrund von dessen Studium im Ausland immer als eine Art Intellektuellenpaar vorgestellt, das nahe der alten venezianischen Stadt Shkodra (oder Scutari wie sie zu venezianischen Zeiten hieß, İşkodra bei den Osmanen) in einem heruntergekommenen, weinberankten alten Haus oder einer Wohnung mit einem Wohnzimmer voller Bücher residierte und beide ein kleines, aber nicht hinreichendes Gehalt als Lehrer oder Professoren bezogen. Wir würden an einem Holztisch sitzen, die Stühle würden knarren, im Hintergrund eine Wanduhr schlagen und die Teppiche wären alt und das Alter könnte man riechen; der Raum wäre aufgrund der altersmürben Gardinen und der langen Vorhänge auch tagsüber schummrig. Man würde mich nach der Europäischen Union fragen und den politischen Perspektiven für Albanien. Nichts davon war der Fall, ich war in einem Bauernhaus gelandet, auf dem Dorf, fern der Stadt und ganz weit weg von der Welt, aus der ich kam. Es gab keine Teppiche, der Boden war nackt, der Tisch und die beiden Sofas an dessen Längs- und Stirnseite sowie der Plastikschemel, auf dem Dike saß, die einzigen Möbelstücke. In den Fenstern hingen keine Vorhänge oder Gardinen, sondern einzig die schwarze Nacht.

Naraç

Eine asphaltierte Piste verbindet Naraç mit der Küstenlinie und endet dort. Zunächst läuft sie unbeirrt an den ersten Bauernhäusern und einigen einfallslosen Neubauten vorbei. Sobald sie aber die Dorfschule passiert hat, biegt sie scharf nach links ab und verliert sich gleich danach, mündet im Gewirr der Pfade aus gestampfter Erde, der geschotterten Wege und Querverbindungen zwischen den Häusern. Naraç fügt sich ein in die Ebene, in der es liegt, bleibt von Weitem unsichtbar, weil kein Minarett und kein Kirchturm ein Dorf ankündigen. Die Häuser haben keinen Keller und nur selten ein zweites Stockwerk. Naraç bleibt konturlos, allein die Schule sozialistischer Bauart durchbricht den Horizont: Sie steht frei am Ortseingang, dreistöckig von Feld und Grasland umgeben; ein Block in der Landschaft, bunt bemalt, ein weithin sichtbarer Anziehungspunkt für die Kinder der nahen und ferneren Umgebung und dennoch überholt, eingeholt durch einen anderen Abschnitt der Geschichte – durch die nächste Epoche, welche die Baumeister nicht vorgesehen hatten: das Zeitalter des Plastiks.

Es wäre falsch zu behaupten, das Haus von Alfons' Familie läge im Zentrum Naraçs und dasjenige von dessen Onkel ein wenig außerhalb, denn Naraç hat kein Zentrum, es

gibt keinen Dorfanger, keinen zentralen Platz, es gibt überhaupt keinen Platz. Es gibt nicht einmal eine Straße, die Naraç durchqueren würde. Im Dorf verlaufen nur Neben- und keine Hauptwege. Deshalb ist Naraç auch eigentlich kein Dorf, kein richtiges Dorf, sondern eine zufällige Ansammlung flacher Häuser und kleiner Gärten, die durch Zäune und Mauern von einander getrennt, durch Straßen miteinander verbunden sind – wenn man das mäandernde System der Wege Straßen nennen möchte.
Jedoch gibt es einen Kern Naraçs, in dem die älteren Bauernhäuser stehen, viereckigen Grundrisses, mit niedrigen Ställen oder Verschlägen für das Schwein oder die Kuh. Ein solches traditionelles Haus bewohnte Alfons' Familie. Es fehlte an jeglichem Komfort, einzig das Badezimmer war modernisiert und gefliest sowie mit einem Gasboiler ausgestattet worden. Ein paar alte Sofas, ein Schrank, altertümliche Betten mit Spiralfedern, das war das einzige Mobiliar. Es gab keinen Schmuck, keine Bilder auf den gekalkten Wänden (von christlichen Darstellungen einmal abgesehen), keine Teppiche lagen auf dem nackten Estrich. Dike kochte hinten im Haus in einem abgetrennten Verschlag auf zwei Gasflammen, die von Flaschen gespeist wurden, mit großen Aluminiumtöpfen und -pfannen chinesischer Produktion. Die Teller waren aus Plastik und ebenfalls chinesischer Provenienz.

Das Essen wurde lang und ausgiebig, auf das Geflügel folgte eine Schüssel voller Schweinefleisch und auf meinem Teller landete mehr, als jemals ein Mensch essen könnte. Gjin hatte stets nachgelegt und mich gebieterisch aufgefordert, doch noch zu nehmen.

– *Merr! Merr!*

Den Raki füllte er ebenfalls immer wieder neu auf und ließ auch den Nachschub an Bierdosen nicht versiegen, so dass ich stets zwei vor mir hatte: diejenige, welche ich gerade trank und jene, die ich danach trinken würde, falls mir danach sei. Und sobald es schien, dass dem nicht so sein könnte, half Gjin eben ein wenig nach, indem er selbst Hand anlegte und mit dem Lächeln dessen, der die Spielregeln besser kennt als der andere, die fast leere Dose wegnahm und durch eine frischgeöffnete volle ersetzte. Langsam begriff ich meinen Fehler: Ich war hungrig gewesen von der langen Reise, hatte kein Mittagessen gehabt und war daher mit einer Geschwindigkeit zu Werke gegangen, die sich in Albanien weder ziemt noch als nützlich erweist. Ich hätte es handhaben sollen wie die anderen, wie Matthias, Beatrix und David, die, wie mir zu spät auffiel, mit aufreizender Langsamkeit speisten. Wie Beatrix mit dem Salat umging, sich einen Zwiebelring in den Mund schob, nur um diesen so gründlich und so lange zu kauen, als handelte es sich um ein Stück vom Schweinefleisch, wie Matthias am Raki nur nippte, das geöffnete Bier jedoch noch nicht einmal anfasste, wie David bemüht war, die Nahrungsmittel so zu arrangieren, dass möglichst wenig Platz auf seinem Teller blieb – all dies hätte mir Hinweis und Warnung zugleich sein müssen. Ich war jedoch vollauf

mit Kommunizieren beschäftigt, mit Kennenlernen, so dass mir erst spät – zu spät – auffiel, wie ich es hätte besser machen können. Auf das Reden hätte ich mich konzentrieren müssen, winzige Portionen wie nebenbei mit der Gabel aufnehmen, eine Faser vom Hühnchen abtrennen und bedächtig in den Mund schieben. Und mir Zeit lassen. Das hatte ich jedoch nicht getan, ich hatte, hungrig und neugierig zugleich, sportlich losgelegt, ohne zu ahnen, dass die albanische Gastfreundschaft ebenfalls sportlicher Natur ist und einen gepflegten Ehrgeiz an den Tag legt – jenen Ehrgeiz nämlich, den Gast zu übersättigen und trunken nach Hause zu schicken, um ihn dergestalt tief zu beeindrucken. Alles drei war vollauf gelungen.
Das Haus von Alfons' Onkel lag wenige hundert Meter entfernt und dennoch hatte Alfons im Anschluss an das Abendessen darauf bestanden, mich mit dem Moped samt meinem Rucksack durch die Dunkelheit dorthin zu bringen – wahrscheinlich um elf Uhr, vielleicht aber um Zwölf, mag sein, dass es auch schon Zwei geschlagen hatte, ich wusste es nicht. Das Haus war ein Neubau, ebenso pragmatisch wie lieblos in die Landschaft gestellt. Für David und mich hatte man ein Zimmer mit dem Nötigsten ausgestattet (bis auf die Küche stand das Haus leer), in dem ich mich auf einer Matratze niederließ und innerhalb von wenigen Minuten in einen traumlosen Schlaf gefallen sein muss, denn von Davids Eintreffen, der gleichzeitig mit uns aufgebrochen und die kurze Wegstrecke zu Fuß gegangen war, bekam ich nichts mehr mit.

Wach geworden bin ich anderntags vom Schrei der Hähne und schlief jedoch schnell wieder ein, denn es dämmerte noch nicht einmal. Später wurde ich erneut geweckt, diesmal vom Geglucker der Truthähne, das durch den verärgerten Tonfall der Enten und den einfältigen der Hühner ergänzt wurde. Das Federvieh lief frei ums Haus, lief zwischen Müll und Olivenbäumchen, zwischen Wasser und Futter hin und her. Es wurde gelästert, gestritten, sich aufgeplustert und mokiert, an Schlaf war nicht mehr zu denken. Die Sonne stand schon über dem Horizont und gewann mit jeder Minute an Kraft, es musste noch früh sein, acht Uhr oder vielleicht erst sieben. David schlief noch, hatte sich anscheinend bereits an das Federvieh gewöhnt. Ich saß draußen, blickte auf einen jungen, spalierartig gepflanzten Olivenhain, drehte mir gerade eine Zigarette, als Alfons auf dem Moped vorfuhr. Wir machten uns türkischen Kaffee, nahmen Tassen und Tabak mit aufs flache Dach, aus dem – wie aus so vielen albanischen Dächern – rostrote Montage-Eisen herausragten, so dass später einmal, falls die Notwendigkeit entstehen sollte und das Geld dafür da sein würde, ein zweites Stockwerk hochgezogen werden könnte. Vor uns lag die sonnendurchglühte Zadrima-Ebene, der Olivenhain, im Hintergrund standen vereinzelte Pappelreihen und rechter Hand am Horizont lag eine Hügelkette. Irgendwo dahinter lag das Meer. Uns im Rücken, wenige Kilometer Luftlinie entfernt, begannen erste sanfte Hügel sich zum albanischen Hochgebirge aufzuwerfen.

Alfons' Eltern fungierten als Gastgeber, sie vollbrachten es, neben ihren fortdauernden Tätigkeiten auf dem Feld, bei der Kuh, im Garten, der Küche und bei dem Federvieh (das in der Frühe gefüttert und mit Wasser versorgt wird: die Ursache für den morgendlichen Radau), ihre Gäste ausgiebig und zu jeder Tageszeit zu bewirten. Und sie beließen es nicht bei Frühstück, Mittagessen und Abendbrot, sondern forderten mich noch mitten am Nachmittag auf, doch einen Kaffee zu nehmen, obschon ich gerade Kaffee gehabt, mich ein Cousin ins Dorfcafé entführt hatte – wo wir eine halbe Stunde lang nicht wirklich gewusst hatten, was wir einander sagen sollten, weil keiner die Sprachen des anderen verstand. Dann war die halbe Stunde um, ich wurde zurückeskortiert zu Alfons' Elternhaus, wo ich im Garten saß, den aufgedrängten Kaffee einnahm, dem Gjin tückischer Weise einen Raki zur Seite gestellt hatte. Alfons war der Zeremonienmeister, der alle Elemente in Balance halten musste, von einem Haus zum anderen mit dem Moped unterwegs war, um alle miteinander abzustimmen, Bedürfnisse zu eruieren, Tagespläne zu entwerfen und allgemeine Zufriedenheit herzustellen. Gleichzeitig koordinierte Alfons die Cousins, die mich und David zu vereinbarten Zeitpunkten unter irgendeinem Vorwand oder auch ohne Erklärung in den Billardsalon oder das einzige Café entführten, so dass Alfons sich um die beiden Pastoren kümmern und seine Eltern ihrem Tagesgeschäft nachgehen konnten.

Es hatte vor unserer Ankunft eine kleine Anwandlung von Panik im Dorf gegeben, weil man nach der anfänglichen Vorfreude sich dann schließlich doch gefragt hatte, wie man das bloß anstellen würde, mit den Ausländern, die ja allesamt aus dem Ausland kämen und so gar kein Albanisch sprächen. Was sollte man denn mit uns anfangen, wo doch die Sprache als Brücke und Zeitvertreib nicht hinreichte. Wie uns beschäftigen? Was genau tun, um uns zufrieden zu halten? Überhaupt, würde uns denn das genügen, was man in Naraç zu bieten hatte? Und welche Ansprüche würden wir stellen, was unsere Gewohnheiten sein?

Einzig der Großmutter waren diese Fragen fremd. Nachdem sie mich anfangs lächelnd gemustert hatte, war sie schnell dazu übergegangen, mich an der Hand zu fassen und mir vertrauliche Dinge zuzuflüstern. Manchmal saßen wir gemeinsam draußen, sie kauernd im Türrahmen mit Stock und in alter Tracht, drei oder vier Röcke übereinander, ich auf den vier breiten Treppenstufen sitzend, eine Zigarette rauchend oder den aufgenötigten Kaffee trinkend. Dann erzählte sie mir allerhand, überlegte immer wieder kurz, schüttelte mit dem Kopf und fuhr dann fort, mit mir zu teilen, was sich all die Zeit, in der ich weggewesen war, im Dorf zugetragen hatte. Zunächst hatten meine fremdländischen, unverständigen Reaktionen noch ein kurzes, ungläubiges Zögern, einen verwunderten Blick nach sich gezogen, doch schon nach wenigen Tagen gestand sie mir das Recht zu, ihr von meiner Familie und meinem Dorf in meiner Sprache zu erzählen.

Es geht immer alles gut, wenn alle Beteiligten wollen, dass es gut geht. Und es ging auch dann noch gut, als ich an einem der letzten Tage von Beatrix' und Matthias' Anwesenheit mit David zusammen eine Art Gegeninitiative gestartet hatte. Wir hatten uns gesagt, nun gut, jetzt reicht es aber mit der Vollpension, jetzt laden wir alle zu uns ein. Schließlich gab es im Haus des Onkels eine Küchenzeile, Töpfe waren vorhanden, Teller und ein bisschen Besteck desgleichen. Ich hatte in der mir eigenen Mischung aus Naivität und Mut beschlossen, ein kleines Menu zu kochen. Wir weihten Beatrix und Matthias in den Plan ein, die sofort verstanden und zustimmten, aber zugleich anregten, doch den Garten um das Haus herum im gleichen Zuge zu reinigen. Denn, wer immer es gewesen war, der das Haus vor uns als temporäre Unterkunft genutzt hatte, hatte allen anfallenden Müll, Chipstüten, Bierdosen, Plastikflaschen, einfach aus dem Fenster geworfen und dort liegen gelassen. Sonderbarerweise waren wir allesamt an diesem Vormittag ohne weiteren Dienstplan aus dem Frühstück entlassen worden und blieben auch ohne Bewacher. Gjin und Dike hatten zu tun, Alfons hatte einen Termin in Shkodra und die Cousins hatten wahrscheinlich die Schnauze voll. Also gesagt, getan. Man kann von Glück reden, dass Alfons rechtzeitig aus der Stadt zurück war, um uns beim Einsammeln des Mülls zu erwischen, die Lage zu verstehen und sofort in die eigenen Hände zu nehmen. Denn wie sieht das denn aus: wenn die Gäste, noch dazu alle zusammen, eine der Unterkünfte aufräumen? Das sieht gar nicht gut aus! Das ist sogar eine mittlere Schande und der ganze Respekt, welcher der Familie für den so zahlreich erschienenen Besuch von Ausländern gebührt, würde drohen, in eine Missernte überzugehen. Um den Schaden zu mindern, tat Alfons das einzig Mögliche: Er übernahm das Ruder, besorgte in kürzester Zeit einen Eselskarren, dirigierte das Aufladen des Mülls, entließ Beatrix, Matthias und David, sandte sie zurück in sein Elternhaus zum Mittagstisch, und kutschierte mit mir zusammen durch die Felder, zu dem Ort, an dem Naraç gewohnheitsmäßig seinen Müll deponierte oder verbrannte.

Dieser vormittägliche Vorfall, den wir jedoch nur ansatzweise als Vorfall verstanden hatten, hatte einen entscheidenden Vorteil: die Essenseinladung am Abend war gar nicht mehr so schlimm und verlief glimpflich. Zwar fühlten sich alle ein wenig unentspannt – mich eingeschlossen, denn meine Mitstreiter waren geschlossen desertiert und hatten sich erst wieder zum abendlichen Essenstermin eingefunden – doch saßen wir einträchtig um den eigens herbeigeschleppten Tisch. Matthias und Beatrix waren gleich im Anschluss an die Müllaktion verschwunden oder entführt worden, damit sie bei dem weiteren Vorhaben nicht auch noch aus der Gastrolle fallen würden, ich weiß es nicht genau. David hatte mich noch zum Einkauf ins nahe Laç-Vau-i-Dejës begleitet und war anschließend abgetaucht oder entführt worden, ich vermag es nicht zu sagen. Einzig Alfons assistierte mir und besorgte, was noch gebraucht wurde, ein paar Gabeln, noch zwei Teller, rannte noch einmal zum Dorfladen, weil Pfeffer fehlte. Anstatt einfach etwas Essbares zuzubereiten hatte ich mir eingebildet, etwas Besonderes kochen zu müssen. Jedenfalls gelangen sämtliche Gerichte, wenngleich die Portionen vergleichsweise schmal ausfielen und der Einsatz einer Sahnesoße und Kräutern zusammen mit Geflügel nicht gerade ortsüblich war.

Wie gesagt, der Abend verlief glimpflich, die Gespräche waren verhaltener, das Lachen fiel leiser aus und dennoch war alles gut. Eine Grenze war überschritten worden, doch dazu sind Grenzen ja da. Mir schien in der Folge das Eis ein wenig gebrochen, die strikte Rollenteilung von Gast und Gastgeber angekratzt, und ich sollte mich auch nicht täuschen, denn schon wenig später war es mir erlaubt, mit auf das Feld zu gehen, Geflügel zu rupfen und sogar Dike in der Küche zu besuchen und ihr in die Kochtöpfe zu schauen. Wer Albanien kennt und das Gewohnheitsrecht der Berge, den Kanun, studiert hat, der weiß, dass solch ein Handeln dem Gastgeber einst erlaubt hatte, den Gast, den er sonst als gottgesandt zu behandeln gehabt hätte, des Hauses zu verweisen. Denn was ist das für ein Gast, der nicht ruhig am Tisch sitzt, nicht den Raki des Hauses würdigt, nicht in froher Erwartung mit dem Hausvorstand Konversation treibt und nicht kommen lässt, was da kommt? Einzig, dass Dike am nächsten Tag, als wir zum Abendessen wieder zurückgekehrt waren in Alfons'

Elternhaus, ihrerseits ein Päckchen getrockneten Oreganos besorgt hatte, um mir diesen über das Geflügel zu streuen, weil ich es ja anscheinend so lieber mochte, machte mich ein wenig traurig.

Stille Tage

Am Vormittag waren Beatrix und Matthias von Alfons, dem Benz und einer Handvoll Cousins nach Tirana gebracht worden, um zurück in die Schweiz zu fliegen. Es schien, als wäre mit der Delegationsleitung auch die Notwendigkeit verschwunden, sich an das Protokoll zu halten. Denn unmittelbar im Anschluss an ihre Abfahrt, der blaue Benz war noch nicht außer Sichtweite, kehrte urplötzlich eine Art Ruhe ein, eine Art Entspannung. Gjin ließ sich auf den Treppenstufen nieder, ließ die Arme sinken und blickte der Staubwolke hinterher, die der Benz in der Ferne aufwirbelte:

– Das also wäre geschafft!

Dike brachte Kaffee, einträchtig saßen wir vor dem Haus, sprachen kaum ein Wort und ließen die Anstrengung, sich ohne gemeinsame Sprache zu verständigen, fahren – ganz so, als sammelten wir uns, als wäre Theaterpause. Dann stand Gjin schließlich auf, schob das Mofa heran und wollte wissen, ob einer von uns damit umgehen konnte: David und ich bekamen frei. Wir verbrachten den Tag damit, die Umgebung zu erkunden und hinüber zu fahren nach Laç. Die Straße führt erst über den breit und müde dahin fließenden Drin und schließlich auf einer Art Damm schnurgerade nach Laç-Vau-i-Dejës hinein, das sich an die erste Vorstufe der albanischen Alpen schmiegt. Das staubige Band der Straße war über Kilometer von zwei flirrenden, raschelnden blauen Bändern gesäumt: Links und rechts lag der Müll der Stadt, breit verstreut und gut verteilt, Glas, Dosen, Plastikflaschen und vor allem zahllose Plastiktüten in reflektierendem Blau. Warum damals sämtliche Plastiktüten in Albanien blau waren? Gott allein weiß es, oder der griechische Unternehmer, dem es gelungen war, sich mit mafiösen Mitteln seinen Status als Alleinimporteur für Plastiktüten über Jahre hinweg zu sichern.

Laç zählt nur unwesentlich mehr Häuser als Naraç, ist aber dennoch eine Stadt. Dies liegt einerseits an den zahlreichen Geschäften, welche sich links und rechts der Hauptstraße angesiedelt haben, und andererseits an der Hauptstraße selbst, weil diese, wenngleich wenig befahren, ja eine Hauptstraße ist und weiter in die Berge führt. Daneben gibt es eine Reihe Mietshäuser aus sozialistischer Zeit, eine kleine Poliklinik, eine Polizeistation, die diesen Namen jedoch kaum verdient, eine neugebaute, durchaus pompöse katholische Kirche, eine Handvoll Cafés sowie Minibusverkehr von und nach Shkodra. Die Mietshäuser, die *palattet*, entstammen noch der Zeit, zu der das mittlerweile verfallene Bergwerk oberhalb von Laç in Betrieb genommen und Arbeiterfamilien planvoll angesiedelt wurden. Der Plan ist lange schon erfüllt, die Erde erschöpft und die Stahlkräne verrostet. Die Wohnungen und die Familien aber sind noch da.

Ich gebe gerne zu, dass mir Laç damals vorkam, wie das Ende der Welt, wobei ich heute gar nicht mehr so genau weiß, was dieses Gefühl ausgelöst hatte. Entlang der Hauptstraße herrschte Kommen und Gehen, Verkehr und Geschäft. Die Männer saßen in kleinen Gruppen in den Cafés, diskutierten die Welt und tranken Raki und Kaffee oder Kaffee und Raki. Mit Maultieren oder Eseln waren die Bauern frühmorgens aus den Bergen gekommen, hatten auf der Straße Tücher ausgebreitet, um ihre Ware zu zeigen, ihr spärliches Angebot auszubreiten. Loser Tabak wurde kiloweise am Straßenrand verkauft, Hühner lagen zusammengebunden aber noch lebendig im Staub der Straße, der Geruch von geröstetem Mais lag in der Luft. Der Supermarkt, den in Laç zu finden uns Alfons versprochen hatte und auf den ich sehr neugierig war – denn wo es Supermärkte gibt, dort hat die Industrie das Bauerntum bereits besiegt, dort kommen Nahrungsmittel nur unter erheblichen Verrenkungen in den Handel – entpuppte sich als Aluminium- und Plastikmarkt. Von Lebensmitteln gab es keine Spur, stattdessen wurden Plastikstühle und -tische, Gießkannen, Eimer, Plastikwannen, Aluminiumtöpfe, seltsam überdimensionierte hochwandige Aluminiumschalen, Aluminiumrohre, Gummistiefel, Spaten und Hacken angeboten – also all das, was man benötigt, wenn man in den Bergen Subsistenzwirtschaft betreibt, und was selber herzustellen kaum möglich oder erheblich mühsamer ist, als es zu erwerben.

Die Männer in den Cafés trugen Jeans oder Jogginghosen, die Bauern am Straßenrand dunkle Anzüge und Hemd, zahlreiche der älteren Frauen (aber keine einzige der jüngeren) trugen Tracht. Jemand erkannte uns, winkte uns heran, gebot uns Platz zu nehmen und Raki zu trinken. Es war später Nachmittag, die Luft war von Sonne durchdrungen und wärmte die Haut. Mir war, als säße ich an den Ausläufern des Pamirgebirges in einer Erzählung von Aitmatow.

Ich durfte anderntags mit aufs Feld, die verbliebenen Maiskolben einsammeln, und sogar mit in die Küche, die in einer Art Verschlag im hinteren Teil des Hauses untergebracht war. Dort sah ich erstmals, mit welchen Gerätschaften Dike in den vergangenen Tagen Essen für so viele Gäste zubereitet hatte. Dieselben flachen kreisrunden Aluminiumschalen, die wir im Supermarkt gesehen hatten und die ich für kurios überdimensionierte Tabletts gehalten hatte, dienten ihr zum Fleischanbraten, zum Reisgaren und zum Kartoffelfrittieren – auf lediglich zwei Gasflammen und ohne Ofenrohr. Als Dike mir zeigen wollte, wie man ein Hühnchen rupft, ich draußen vor dem Haus mit einem toten Huhn auf dem Schoß zu sitzen kam, da verzog Gjin erst das Gesicht und verschränkte die Arme, um nach kurzer Überlegung einzuschreiten. Denn das ging dann doch zu weit, dass die Gäste das Essen zubereiten, in seinem Haus! Und noch dazu draußen und für alle sichtbar Frauenarbeit erledigten. Ich hatte also meinen Gaststatus nicht gänzlich eingebüßt, nur war Gewöhnung eingetreten und die Etikette wurde weit weniger streng gehandhabt. Zum Abendessen waren wir umgezogen in das Zimmer gegenüber, das sich zwar kaum von dem ursprünglichen unterschied (in beiden standen jeweils zwei alte Sofas und ein niedriger Tisch), aber dem Anschein nach als das weniger repräsentative galt. Auch die Großmutter hatte sich umorientiert und war ihrerseits auf die andere Seite des Ganges gewechselt, um nunmehr von dort aus allabendlich das Geschehen zu verfolgen.

Alfons hatte einen Ausflug initiiert, wahrscheinlich weil man das so macht, im Norden, in der Schweiz oder in Deutschland: man unterbricht den Alltag durch gemeinsame Ausflüge nach irgendwohin, dorthin, wo es möglichst schön ist. Der Nachbar hatte sich bereit erklärt, uns den alten Mercedes zu leihen, unter der Voraussetzung, dass ich ihn fahren würde, schließlich käme ich ebenso aus Deutschland wie das Fahrzeug. David war als Beifahrer vorgesehen. Ich hatte das Gefühl, dass Gjin ein wenig ungehalten war über die Aussicht, sein Tagwerk und den Gang der Dinge durch einen völlig zwecklosen, sinnbefreiten Ortswechsel zu unterbrechen und fühlte mich an meine Kindheit erinnert, die sonntägliche Anwandlung meiner Eltern, irgendwo Spaziergänge abzuhalten, an Orten, die man immer nur mit dem Auto erreichen konnte. Der kurzen Diskussion, die Gjin anzettelte, konnte ich natürlich nicht folgen, aber es war klar, dass es um die genauen Konditionen ging: Ziel,

Aufenthaltsdauer, mögliche Zwischenstopps bei Anverwandten, Beiladungen. Dike mischte sich ein, trug ihrerseits Anliegen und Bedenken vor, deutete auf die Küche, die sie wohl ungern zu lange alleine ließ, sowie auf die Großmutter, welche auch nicht alleine bleiben sollte, weil sie (wie Alfons mir später erklärte) trotz ihrer schlechten Augen ganz gewiss die eine oder andere Flasche Raki finden würde, und das täte ihr nicht gut. Alfons ging auf sämtliche Anliegen ein, was blieb ihm auch anders übrig, nur mit einem völlig anderen Ausgang, als ich es vermutet hätte: Wenig später saßen wir alle im Auto, die Großmutter inklusive, und schickten uns an, einen schnellen, zielgerichteten Ausflug an den Stausee oberhalb von Laç zu unternehmen, um auf dem Rückweg einen Onkel von Alfons zu besuchen. Dass der Besuch des Onkels wesentlich mehr Zeit in Anspruch nehmen würde, als der eigentliche Ausflug, das versteht sich von selbst. Ebenso kann man sich ausmalen, dass ich meinen neuen Status als Fahrer dahingehend nutzte, den mir im Hause des Onkels angebotenen Raki entrüstet zurückzuweisen, woraufhin mir jedoch drei oder vier Bier aufgenötigt wurden.

Die Fenster klapperten in ihren Rahmen, die Türverkleidung schlug ans Metall und etwas rasselte ununterbrochen im Motor, während das Chassis ab und zu aufseufzte und die Sitzhalterungen knackten. Es schien als hätten sich alle Bestandteile des Autos im Laufe der Zeit gelockert, als hätte alles auf albanischen Pisten an Spiel gewonnen. Aber der Mercedes benahm sich wie ein altes, gutmütiges Lasttier: Behäbig ging es über Schotter und Schlaglöcher zum Stausee hinauf. Als wir das Bergwerk hinter uns gelassen hatten und zur anderen Seite hinunterrollten, an Kiefern- und Pinienwäldern vorbei, linker Hand die spiegelglatte Oberfläche des Stausees, vor uns in der Ferne die ersten Gipfel des albanischen Hochgebirges, begriff ich, warum Alfons uns hierherbringen wollte: Es gab eine Welt hinter Laç und sie war von unwirklicher Schönheit. Wir bogen ab und steuerten eine kleine Sandbucht an, ließen den Wagen stehen, und stiegen alle bis auf die Großmutter aus. Gjin atmete ein paar mal hörbar ein und aus und streckte die Arme von sich, ganz so wie er es sich wohl aus dem einen oder anderen amerikanischen Film abgeschaut hatte. Es ging keinerlei Wind, die Luft war unbewegt und wir schwiegen minutenlang ebenso wie die Kiefern und die Pinien. Dann befand Gjin, dass es nun ja wohl gut sei und wir zurück könnten, zurück in die Ebene, den Onkel besuchen. Erst Jahre später würden Alfons und ich der Piste in die Berge weiter folgen, bis hinauf zur nächsten Staustufe nach Komand, um von dort aus die Fähre nach Bajram Curri zu nehmen und ins Valbona-Tal zu gehen.

Nach Tirana

Der Abschied war dramatisch, weil Alfons' Großmutter offensichtlich nicht oder falsch informiert worden war: Da wir alle am Gartentor herumstanden, um mitsamt der Gepäckstücke auf das Auto zu warten, das mich und David zur nahen Bahnstation Mjed bringen sollte, war die Großmutter wohl davon ausgegangen, dass Alfons ebenfalls abreisen würde. Deshalb hatte sie ihre Röcke zusammengerafft und war pflichtschuldig aufgestanden, um uns mit dem Stock in der Hand zum Gartentor zu folgen und dort in Wehklagen auszubrechen. Das Missverständnis mag Dike daraufhin zwar schnell aufgelöst haben, doch einen Weg zurück gab es für die Großmutter nun nicht mehr. Die Klage lies sich nur in Ton und Lautstärke zurückfahren, nicht aber völlig einstellen.

Unseren Aufbruch durchzusetzen hatte uns ganze Tage gekostet, niemand schien uns so recht zuhören zu wollen und die Abfahrtszeiten der Züge waren lange nicht in Erfahrung zu bringen. David hatte im Vorfeld irgendwo gelesen, dass es eine Bahnstrecke von Shkodra nach Tirana gäbe und die Zugtickets überdies extrem günstig wären. Da wir beide mit limitiertem Budget unterwegs waren, erschien uns eine Zugfahrt nicht nur logisch, sondern geradezu zwingend. Auf alle anderen Möglichkeiten, die uns nahegelegt wurden, gingen wir genauso wenig ein, wie unser eigenes Ansinnen Beachtung fand. Es herrschte eine Art Patt-Situation, die sich erst auflöste, als wir Fakten schufen, indem wir unsere Rucksäcke packten und Anstalten machten, Naraç zu Fuß zu verlassen.

Was uns nicht klar gewesen war, aber beim Anblick des Bahnhofs und der Züge schnell klar wurde, ist, dass das Zugfahren in Albanien von allen denkbaren Fortbewegungsarten, Esel und Maultier inbegriffen, das geringste Prestige hat. Dies hat sich bis auf den heutigen Tag nicht geändert, wenngleich die Züge (einer großzügigen Spende der österreichischen Bundesbahn sei Dank) mittlerweile ausgetauscht wurden und die damals eingesetzten Personenwaggons der tschechischen Staatsbahn der Vergangenheit angehören. Diese waren in der Tat in einem miserablen Zustand, zahlreiche Fenster waren zerschlagen oder schlicht nicht vorhanden, Licht gab es keines, die Türen schlossen nicht oder öffneten sich selbsttätig. Dies aber war halb so wild, wenn man bedenkt, dass der Zug aufgrund des schlechten Zustands der Gleise kaum dreißig Kilometer in der Stunde schaffte. Auf dem weichen Untergrund des albanischen Flachlandes hatten sich die Gleise teilweise abgesenkt, so dass der Zug durch die Ebene schwankte und schaukelte, als handelte es sich um ein Schiff. Die Signalanlagen waren während der Aufstände 1997 zerstört worden und bisher hatte keiner daran gedacht, sie zu ersetzen, so dass die Lokomotive in einem fort pfiff, um Fußgänger, Anrainer und Automobilisten zu warnen. Für die paar hundert

Kilometer nach Tirana brauchten wir einen ganzen Tag. Mit uns fuhren die Bauern auf die Märkte, Schweine wurden im Zug transportiert, Hühner, Kaninchen, ja sogar ein Kalb. Neugierig wurden wir betrachtet, niemand konnte sich unsere Anwesenheit erklären und schon gar nicht den Umstand, dass wir mit dem Zug bis nach Tirana wollten. Als wir in Durrës den Zug wechseln mussten, auf dem schmalen Betonstreifen zwischen den Gleisen eng an eng auf den Zug aus der Gegenrichtung warteten, sprach uns eine junge Albanerin an und wollte wissen, ob wir denn Missionare seien – wahrscheinlich, weil es sonst keine vernünftige Erklärung für unsere Anwesenheit gab.

Wie gesagt, die Züge selbst wurden mittlerweile „modernisiert" – nicht jedoch das Schienennetz. Statt dieses auszubauen und Albanien an die internationalen Trassen anzuschließen, wurde es in der Zwischenzeit stückweise aufgegeben: Zwar verkehrt nach wie vor täglich ein Zug in Richtung Pogradec, schafft es aber nicht mehr ganz bis an den Ohridsee, sondern stoppt eine Station davor. Auch der Zugverkehr nach Tirana wurde eingestellt, die Züge halten jetzt in der Vorstadt.

Im Gegensatz zum Autoverkehr steht die Bahn nicht auf der Prioritätenliste irgendeines Ministeriums, vermutlich steht sie noch nicht einmal auf irgendeiner Liste. Die Bahn nimmt in Albanien nur der, der muss: Der, dem das Geld selbst für einen der alten Linienbusse fehlt, dem der Furgon unerschwinglich ist. Die Bahn nehmen diejenigen, die mit dem Maultier aus den Bergen kommen und staubige

Anzüge tragen, ferner die Schulkinder, die Studenten, die Alten und die Bauern. Die Bahn ist ein Nahverkehrsmittel, man fährt mit ihr in die nächst größere Stadt, zum Markt, zur weiterführenden Schule, bis zur Poliklinik oder zur Fakultät, keinesfalls aber bis nach Tirana, so wie wir es unternommen haben.

Wir hatten so gar keinen Plan, wir stolperten in die Stadt und blieben im erstbesten Hotel hängen (es gab damals schon mindestens ein Hostel in Tirana, aber erstens wussten wir das nicht und zweitens sind Hostels in dieser Weltgegend nicht unbedingt günstiger als drittklassige Hotels). Der Besitzer stellte sich als Psychologie-Professor vor und, geschult wie er war, erkannte in uns „Studenten". Wir ließen das unwidersprochen und stellten im Anschluss an eine ausgiebige Besichtigungstour sämtlicher Zimmer unsere Rucksäcke im günstigsten ab. Zwei oder drei Tage blieben uns, bis David abfliegen würde, und ich weiß nicht mehr genau, was wir überhaupt in Tirana getan haben, außer irgendwo gesessen, geraucht, Kaffee getrunken und dem Leben zugesehen. Wir kannten niemanden und keiner kannte uns. Nach der Zeit in Naraç war das Luxus, Entspannung pur. Ich weiß nur noch, dass mir Tirana mit seinen Schuhputzern, den Byrekverkäufern, den Schustern in ihren winzigen Ladengeschäften, wie ein Dorf erschien, den Ministerien und den neuen Hochhäusern zum Trotz. Tirana schien mir wie ein kleines bäuerliches Anwesen, das immer wieder umgebaut wurde, an das immer wieder angebaut

wurde, um widersprüchlichen Bedürfnissen und gegensätzlichen Auffassungen von Ästhetik zu genügen. Das, was Tirana einmal gewesen sein musste, war durchzogen und durchsetzt von der Architektur der italienischen Besatzer und der stalinistischen Planer. Deren Bauwerke wiederum wurden überwuchert vom neuen Tirana, von zahllosen hochgeschossigen Neubauten. Während der zwanziger Jahre war es König Zogu gewesen, der dem bis dahin unbedeutenden Städtchen einen repräsentativen Anstrich verlieh. Dann kamen die Italiener, bauten zunächst einen breit angelegten Boulevard, hatten aber danach nur noch die Zeit, vier, fünf Verwaltungsgebäude hochzuziehen und einen einsamen Obelisken aufzustellen. Den Deutschen wiederum war Albanien eine Durchgangsstation, von größeren Baumaßnahmen ist mir nichts bekannt. Enver Hoxha blieb es nach dem Krieg und der Machtübernahme überlassen, reihenweise neue Wohnquartiere zu bauen, damit Albanien in die Gegenwart fände und die Arbeiter, die kurz zuvor noch Bauern gewesen waren, auch ein Dach über dem Kopf hätten.
Während der neunziger Jahre waren Straßenverkehr, Bauspekulanten und Migranten aus den armen Landesstrichen in die unvorbereitete Stadt eingefallen und hatten sie auf den Kopf gestellt. Tirana wurde vom Virus des schnellen, rücksichtslosen Fortschritts erfasst, ohne dass die Grundlagen dafür bestanden hätten. Der Zuzug nach Tirana ist bis zum heutigen Tag ungebrochen, verspricht die Stadt doch Arbeit und ein neues, besseres Leben – jenseits der

Härten des bäuerlichen Daseins im unwirtlichen Hinterland. Geld, Menschen, Waren, Hoffnungen, alles drängt nach Tirana und die Stadt wächst in die Höhe, um es mit diesem Zustrom aufzunehmen. Tirana ist heute eine Metropole, eine Metropole wider Willen und wider besseres Wissens, eine Millionenstadt ohne funktionierenden Nahverkehr, ohne große Zubringerstraßen, ohne Verkehrsleitsysteme, ohne Autobahn- oder S-Bahnring. Die Grundstruktur Tiranas ist die eines Straßendorfes geblieben. Das Dorfzentrum, das ist der Skanderbegplatz.

Der Muezzin rief zum Gebet. Lang zogen die Silben um die Ecke auf das leere Quadrat und schwebten über dem flachen Stein. In Sachen Größe hielten sich Allah und der Skanderbegplatz die Waage. Auf der anderen Seite des Platzes, zwischen den Ministerien, stand der Rohbau der orthodoxen Kirche. Die größte Albaniens sollte sie werden. Einst war auf dem Platz der Bazar gewesen, einst waren hier Händler und Kundschaft zusammengekommen. Sie waren zusammengekommen, als die Fahne der Habsburger wehte, als der Stammeschef Zogu sich im Handstreich zum König machte, als die Italiener einmarschierten und als die Deutschen die Zelte abbrachen und das Weite suchten. Auch noch in den ersten Jahren des stalinistischen Experimentes war der Bazar am Skanderbeg der Mittelpunkt von Tirana gewesen. Erst 1959 hatte man dem bunten Treiben ein Ende gesetzt und mit den Händlern die Seele des Platzes vertrieben. Sinnlos leer wirkt er seither, kahl und ohne weitere Funktion. Der Skanderbeg sei das leere Herz Tiranas, das sagte Edi Rama, damals noch der Bürgermeister Tiranas, heute Ministerpräsident. Und wirklich: Der Platz dient nur dazu, den Verkehr zu verteilen und die Passanten herauszufordern: ein nacktes Quadrat aus Steinen, flankiert vom Säulengang des Kulturpalastes zur einen, dem Nationalmuseum zur anderen Seite – zwei kommunistische Bauten, die sich sehen lassen können. Es war bei zwei Gebäuden geblieben, der Platz war unvollendet geblieben. So ist das mit den Diktaturen, letztlich ist in der Wirklichkeit für die Pläne kein Platz. In einiger Entfernung stehen mehrstöckige Arbeiterpaläste, *palattet*, auf der linken Seite begrenzen italienische Regierungsgebäude der Dreißiger die glatte Fläche. Grober Neoklassizismus, rot und gelb getüncht, der mittlerweile albanische Ministerien beherbergt.

Der Skanderbeg ist von jeher der Ausgangspunkt der großen Straßen: nach Durrës, nach Elbasan und nach dem Norden, den Bergen, nach dem Kosovo. Kein Weg führt an ihm vorbei, jedes Auto muss über ihn hinweg und es werden täglich mehr. Sie strömen aus allen Richtungen. Das Geschehen ist höflich. Zügig, aber nicht ohne Vorsicht, fädeln sie sich ein, es gibt keine Ampeln, sie arbeiten sich vor und hupen sich an, sie zeigen, dass es sie gibt. Ein Brummton, ein anhaltender, ansteigender Lärm hängt über dem Platz, drüber schweben, fein gesetzt, die einzelnen Huptöne.

Man muss sich vor Augen halten, dass es in Albanien vor den neunziger Jahren keinerlei Privatautos gab. Auch die Zahl der in Tirana verkehrenden Regierungsfahrzeuge dürfte sich auf wenige Dutzend beschränkt haben. Wer zu kommunistischer Zeit in den Besitz eines Führerscheins gelangt war, etwa weil er Reisebusse für die staatliche Tourismusagentur Albturist fuhr, Lastwägen für das Kombinat, Regierungsfahrzeuge oder eines der wenigen Taxis, der genoss ein unschätzbares Privileg und war vergleichsweise gut vorbereitet auf den Aufbruch in das kapitalistische Zeitalter. Der Bedarf an Gebrauchtwagen ist heute noch so groß, dass es keinen Binnenmarkt gibt und jene stattdessen fast ausschließlich im Ausland gekauft werden – mit Vorliebe in Deutschland: Es heißt, dort seien die Preise für Jahres- und Gebrauchtwagen am niedrigsten und die Qualität sei am verlässlichsten. Diese Überzeugung gilt landesweit mit Ausnahme von Burrel. Denn in Burrel hatte sich die Emigration der neunziger Jahre auf England konzentriert, so dass jeder Heimaturlauber oder Rückkehrer eben ein englisches Auto mitbrachte, mit dem Steuer auf der rechten Seite versteht sich. Ganz Burrel fährt Automobile, die für den englischen Markt ausgerüstet worden sind. Und hätte die Regierung nicht eingegriffen, in Burrel hätte sich der Linksverkehr durchgesetzt.

Lange blieb ich am Skanderbeg sitzen und blickte über das bleiche Quadrat, aber es gab keinen Unfall. Es gab kein System und es funktionierte. Zwischen den Autos nahmen

Fußgänger den direkten Weg, sie warteten und passten ab, sie glichen ihre Geschwindigkeit an. Alles war in Bewegung, nirgendwo stockte es, jeder zog an seinem und alle zugleich an demselben Strang. Oder wie es in einem Gedicht heißt: Auf dem Skanderbeg spielte ein Konzert, niemand wusste davon, aber alle waren gekommen, alle waren dabei.

Hotel Sopoti

Zehn Jahre nach dieser allerersten Reise durch Albanien war ich diesmal von Süden her angereist. In den Süden Albaniens war ich bis dahin nicht gekommen und das wollte ich nachholen. Ich hatte mich von Korfu aus nach Saranda übersetzen lassen, das aus der Ferne seltsam fragil wirkte. Die Überfahrt von Korfu ließ die Stadt zunächst kleiner erscheinen als sie ist, das Auge machte lange nur eine einzige Linie aus, wo in Wirklichkeit eine Stafette an Häusern steht. Saranda besteht wie ganz Albanien zum Großteil aus Neubauten, aus vorsichtigen, bescheidenen, viergeschossigen Wohnanlagen in der ersten Reihe, aus immer höher, immer dichter aufschießenden Betonburgen in den Straßen dahinter. Nicht immer ist es gelungen, alle davon zu vermieten, häufig stehen die Erdgeschosse leer, weil kein Händler, kein Wettbüro und keine Bankfiliale sich dort im Dunkel der Häuserschlucht einmieten wollte. Der Hinweis *SHITET* häuft sich bergan und wird zunehmend verzweifelter. Weiter oben, in der dritten und vierten Reihe nimmt das Übermaß seinen Lauf, dort stehen die Investitionsruinen. Ganze Rohbauten von sieben Stockwerken und mehr stehen leer und werden nie vollendet werden, dienen inzwischen zur Holzlagerung oder zur Müllentsorgung. Zwei oder drei Tage lang wohnte ich in der *rruga e pesë*, der fünften Straße vom Hafen aus (der

eigentliche Taufname interessiert den Volksmund nicht) und stellenweise stand jeder zweite *pallat* leer, blickte mit hohlen Augen jene an, die sich vom Meer aus näherten. Sämtliche Neubauten haben großzügige, umlaufende Balkone, die keiner bestimmten Wohnung zugeordnet sind, sondern oftmals die gesamte Gebäudefront einnehmen sowie die Seiten umrahmen. Von daher stammte mein Eindruck von Fragilität: Aus der Ferne waren mir die Häuser wie zusammengesteckt erschienen, hatten wie Kartenhäuser gewirkt.
Saranda hat kaum historische Substanz, keine Stadtmauer, welche die Häuserschichten bändigen, ihnen eine Fassung geben würde, kein weithin sichtbarer Garten einer venezianischen Villa, dessen alter Baumbestand die flacheren Dächer überragen würde. Saranda wirkt wie eine Hafenstadt in der Karibik, die nach einem Erdbeben völlig neu erbaut wurde. Das südliche Licht, die klarblaue See, die Palmen der Promenade bestätigten diesen Eindruck: Ja, Saranda hat seinen ganz eigenen Charme, hat Leichtigkeit. Ich blieb jedoch nicht lange, ich machte mich nach wenigen Tagen ins Hinterland auf, um von Delvina aus über den Berg zu gehen, nach Goranxi hinunter und weiter in die alte Stadt Gjirokastra, wo ich länger bleiben würde als geplant.

In Gjirokastra hatte ich mich schon am dritten Tag an den morgendlichen Ruf des Muezzins gewöhnt und wachte nicht mehr davon auf. Erst durch die Stimmen auf der

Straße, die Zurufe und lautstarken Männergespräche, den einsetzenden Autoverkehr, erst durch die starke Sonne hinter den dünnen Vorhängen wurde ich wach. Meist stand ich sofort auf, stieg die paar hundert Meter zum Bazar von Gjirokastra hinauf, um gegen halb acht einen oder zwei Kaffee zu trinken. Niemals hätte ich es gewagt, erst um neun zu erscheinen, wenn die Cafés wieder verwaist sein würden. Auch das Café zu wechseln kam mir nicht in den Sinn. Am ersten Tag war ich ein Durchreisender gewesen, einer von den vielen Touristen, die sofort wieder weg sein würden. Bereits am zweiten Tag jedoch wurde ich im Café freudig begrüßt, Frau und Tochter wurden mir vorgestellt und ich musste den Raki des Hauses probieren, morgens gegen acht! Dieser sei nämlich der stärkste von allen, behauptete Altin, der Cafébesitzer, und schenkte mir großzügig ein. Und am dritten Tag wurde mir ein Stammplatz eingeräumt, den Altin ehrgeizig freizuhalten begann: Ich war jetzt sein Deutscher. Und ich hatte ihm bestätigt, ohne dabei zu lügen, dass er in der Tat den stärksten Raki herstellte, der mir bislang untergekommen war. Manchmal glaube ich fast, dass es diesem Cocktail aus Koffein, Nikotin und starkem Alkohol geschuldet sein könnte, der manch einen Tagesverlauf in Albanien zum Ornament aus wiederkehrenden, kreisenden Bewegungen werden lässt. Der morgendliche Alkoholgenuss nimmt einem die Grundspannung, die es bräuchte, um einer zielgerichteten Beschäftigung nachzugehen oder Erledigungen abzuarbeiten: Man hat keine Termine und leicht einen sitzen.

Dabei wäre es auch in meinem Fall schnell geblieben, hätte mich nicht Kujtim Tag für Tag abgeholt, um einen Spaziergang durch seine Stadt zu unternehmen.

Vom Bazar zurück musste ich zunächst den Betreiber des Hotels Sopoti aufsuchen, um die jeweils nächste Nacht zu bezahlen. Auf mehr als eine Nacht mochte ich mich nicht festlegen, denn der Wirt war ein unangenehmer älterer Kauz mit leicht gebeugtem Rücken und misstrauischen, wässrig-blauen Augen, welcher nebenher eine Bar betrieb. Mehrfach hatte er mich gedrängt, den Kaffee doch dort einzunehmen, aber ich hatte mich diesbezüglich ja schon festgelegt. Und wie sähe das denn aus, wenn ich auf einmal nicht mehr hinaufstiege, Altin mir umsonst den ganzen Morgen lang den Platz freigehalten hätte, meinen Platz? Ohne dass ich Bescheid gesagt oder Gründe genannt hätte? So gut, dass ich weiß, dass solch ein Verhalten nicht wohl gelitten ist, so gut kenne ich meine Albaner: Aus einer Laune heraus die sozialen Abonnements zu kündigen, das mag dem Ausländer zwar noch verziehen werden, denn dieser gilt sowieso als unberechenbar und genießt daher bis zu einem bestimmten Grad Narrenfreiheit. Aber unter Albanern: niemals! Als Alfons nach Tirana gezogen war und ich ihn dort besuchte, hatte es einmal mächtig Stunk gegeben, weil Alfons auf mein Drängen hin einfach einen anderen Taxifahrer genommen hatte, als den, mit dem er üblicherweise fuhr. Dieser hätte erst mühsam herbei telefoniert werden müssen, der andere war schon vor Ort.

Also waren wir mit dem anderen gefahren. Anschließend bekam Alfons dies zu spüren, denn irgendwie war alles ans Tageslicht gekommen: Tirana ist in dieser Hinsicht ein Dorf, Alfons musste sich Vorhaltungen gefallen lassen und der neue Taxifahrer wurde von dem alten körperlich angegangen, weil jener es gewagt hatte, dessen Kunden zu befördern.

– Schieb's auf mich, hatte ich zu Alfons gesagt, und damit war das Thema schnell gegessen. Dem ganzen Vorgang liegt ein Prinzip zugrunde, dass ich sehr vereinfacht mit Verpflichtung übersetzen möchte: die *besa*. Verpflichtungen gibt es in Albanien wie Spinnweben in einem verlassenen Haus. Und sie sind ebenso fein gewebt, weil sie sich nicht nur aus den verwandtschaftlichen, geschäftlichen oder freundschaftlichen Verhältnissen speisen sondern auch aus dem Verhalten ableiten lassen, aus dem Tun und der Gewohnheit. Zwar wird *besa* häufig mit Ehrenwort gleichgesetzt, obwohl gerade das gesprochene Wort in Albanien meiner Erfahrung nach weitaus weniger gilt als die Tat. Eine Absichtserklärung, eine mündliche Vereinbarung, eine Verabredung, all das öffnet zunächst nur Möglichkeitsräume. Ob diese dann auch wirklich gefüllt werden, muss gesondert festgestellt werden. Damit aus einem daher gesagten Wort *besa* wird, muss es schon beschworen werden, ansonsten bleibt es den Umständen überlassen, inwieweit aus Wörtern Wirklichkeit wird. Mir ist es schon passiert, dass wir abends zu dritt beim Raki ausgemacht hatten, anderntags aufzubrechen und ins Gebirge zu gehen.

Als ich jedoch wach wurde, hatte der eine schon das Haus verlassen und war auf dem Weg zu seiner Familie und der andere hatte sich auf eine dringende Arbeit besonnen – aber keiner von beiden hatte es für notwendig befunden, mich davon in Kenntnis zu setzen. Das Gespräch vom Vorabend hatte im Licht des neuen Tages seine Geltung verloren. Langer Rede, kurzer Sinn: *besa* war auch der Grund, warum ich mich nicht auf das Sopoti festgelegt hatte, sondern es vorzog, jede Nacht einzeln zu bezahlen. Ich wollte keine Verpflichtung eingehen mit meinem Wirt, ich wollte ihm gegenüber frei bleiben von *besa*. Gerne war ich Altins und Kujtims Deutscher, nicht aber der meines Hotelbetreibers.

Im ersten Obergeschoss des bald hundertjährigen Hotels Sopoti residierte ich an den meisten Tagen ganz alleine. Tausend Lek kostete das Zimmer pro Nacht, das waren umgerechnet gute acht Euro und damit auch für albanische Verhältnisse äußerst günstig. Das Hotel war nie renoviert und daher von der Zeit überholt worden, weil es den Luxus, dessen die Touristen heutzutage bedürfen, im Gegensatz zu den neueren Hotels nicht bieten konnte. Die Taktik, das jeweils älteste Hotel am Ort zu suchen, hatte ich mir schon während meiner ersten Albanienreise in Vlora angewöhnt, denn die klimatisierten Betonneubauten entlang der Hauptstraße von Vlora waren damals schon mit zwei oder drei Phantasiesternen, Flachbildschirm und Badezimmer ausgestattet worden und man hatte dafür jeweils zwanzig Euro und mehr verlangt. Jemand hatte mich schließlich die Hauptstraße von Vlora weiter hinauf geschickt: Dort gäbe es einen Laden, dort sollte ich nachfragen! Ich fand den Laden, der Ladenbetreiber telefonierte nach dem Hotelwirt, dieser kam, schloss eine unscheinbare Eisentür desselben Gebäudes auf, hieß mich die Stiegen in den ersten Stock hinaufsteigen, öffnete im Vorbeigehen sein Büro und deutete auf ein riesiges Plakat der deutschen Fußballnationalmannschaft, deutete genau in die Mitte und deklamierte:

– Oliver Kahn!

Das Hotel in Vlora war zwar noch weiter heruntergekommen als das Sopoti, aber man hatte für fünf Euro ein Zimmer für sich alleine bekommen. Das Sopoti in Gjirokastra hingegen ließ seine Vergangenheit als erstes Hotel am Platze immer noch spüren, die Zimmer, die weiten, weiß gekalkten Flure, die Holzfenster und die ornamentalen Balkoneinfassungen atmeten trotz der Patina, der kaputten Fliesen und der Stockflecken an den Zimmerdecken den Geist der zwanziger und dreißiger Jahre. Es gab sogar auf halber Treppe ein *Depo* und eine *Lavanteri*, so jedenfalls standen das Lager und die Wäscherei auf den vernagelten Türen angeschrieben. Es gab einen Nachtwächter und ab und an ein paar Hausfrauen, die Wäsche brachten oder abholten und die die Zimmer putzten. Ansonsten wurde das gesamte Hotel nicht wirklich bewirtschaftet. Es gab keine Bar, kein weiteres Personal, kein Frühstück geschweige denn ein Hotelrestaurant. Für all das waren die neueren Hotels zuständig. Das Sopoti wurde wie viele

andere seiner Art schlicht und einfach verwaltet – es war da und was da ist, das wird auch genutzt; solange bis es nicht mehr da ist. Bestenfalls die Hälfte der Zimmer waren noch bewohnbar, das zweite Geschoss, die ehemaligen Duschen und der gesamte Seitenflügel waren baufällig.
Mein Zimmer war klein und schmal, auf das nötigste reduziert, links ein Bett und rechts ein Bett, zwei Kleiderhaken, aber es hatte einen Balkon nach vorne und rauchen durfte man auch. Ich musste nur die Balkontür schließen, mir eine Zigarette anstecken und (indem ich großzügig über die ungeheuerlich farbenfrohen Vorhänge neuerer Produktion hinwegsah) mir vorstellen, der Laptop sei eine Reiseschreibmaschine und ich ein junger, leicht verwirrter Albanologe (sagen wir aus Wien), der je länger er bleibt umso weniger begreift: Weil die Welt sich stets als bunter erweist, als seine Begriffe es sind.

Kujtim erschloss mir Schritt für Schritt die Stadt, seine Stadt, wobei wir nicht besonders ehrgeizig vorgingen. Wir stiegen an einem Tag zum osmanischen Zekate-Haus auf, das am Berg steht wie ein bleicher Elefant, am nächsten ins alte Viertel Dunavat, hoch über dem Basar und der Moschee, und erst am übernächsten zur Burg hinauf. Anschließend führte er mich an seine Orte, in Bars, deren Besitzer er kannte, in Seitenstraßen, die ich alleine nicht gefunden hätte, und zeigte mir den besten Byrekbäcker. Unsere Verständigung auf Englisch hatte binnen weniger Tage erstaunliche Fortschritte gemacht und Kujtim gab offener und überlegter Auskunft über Vergangenes und zu Erwartendes, als ich es in Albanien gewöhnt war. Ich erfuhr, dass er als junger Mann bei der Marine gewesen war. Dass er von Saranda aus zwischen der griechischen Insel Korfu und dem albanischen Festland Patrouille gefahren war. Der Besitz von Booten, auch von einfachen Ruderbooten, war während der Zeit der Diktatur verboten: Im Hafen von Saranda lagen in den Achtzigern abgesehen von den Schiffen des Militärs genau zwei private Boote, die selbstredend Parteikadern gehörten. Kujtim war also während seiner dreijährigen Militärzeit einer der wenigen Menschen gewesen, die ihr Land von außen gesehen hatten, die von der ionischen See aus einen Blick werfen konnten auf den Berg Çika hinter Dhërmi, den Kamm des Mali i Gjerë, die Schlucht von Gjipë.

Eine Tragödie sei das, was in Albanien mit der jungen Generation passiere, sagte mir Kujtim nachdem wir von der Burg wieder herabgestiegen waren und in einem Gartenlokal auf ein frühes Bier einkehrten: Keiner habe Arbeit, vernünftige Arbeit, kaum jemand ein Auskommen und jeder nur wenig Perspektiven. Das zumindest sei im Kommunismus ganz anders gewesen. Damals habe jeder zu tun gehabt, die Cafés wären tagsüber wie leer gefegt gewesen. Morgens hätte man sich zum Kaffee getroffen und abends zum *xhiro*. Dazwischen hätte jeder seinen Ort gehabt, seine Aufgabe. Er sei alt, ihn ginge das ja alles nichts mehr an, aber jetzt gäbe es das nicht mehr: eine Struktur, eine Ordnung der Dinge. Alles sei durcheinander geraten.

Ab Mittag kehrt in Gjirokastra Ruhe ein, die Straßen leeren sich, die Geschäfte schließen für ein paar Stunden. Gegen drei beginnt die zweite Tageshälfte. Der frühe Tagesbeginn, die ausgedehnte mittägliche Pause, das ist der Rhythmus einer ganz und gar südlichen Stadt. Abends ist es Pflicht sich sehen zu lassen, auf die Straße zu gehen, den *xhiro* zu machen, der in Gjirokastra kurz ausfällt, weil nur eine Straße dafür in Frage kommt und man sich ganz gleich wo niederlassen kann und sowieso alle trifft. Die alten Männer haben Vorrechte, dürfen sich an besondere Tische setzen, Raki und Käse aus Zagoria auspacken, Backgammon spielen und den Ausländer an den Tisch einladen, den Deutschen, der aus dem Berg kam.

Eines Vormittags erwischte mich Kujtim, wie ich im Restaurant MAPO saß und eine bescheidene Portion *xaxiqi* (Zaziki) verspeiste. Er bestellte wie üblich einen Kaffee (denn zu mehr als einem Kaffee oder einem Bier ließ er sich von mir nicht einladen) und erkundigte sich höflich, was denn so ein Portiönchen kosten würde? Was man denn im MAPO von den Touristen nehmen würde? Ungern gab ich Auskunft, denn selbst mir schienen die 200 Lek alles andere als angemessen. Kujtim zog im Stillen Konsequenzen und im Anschluss an unseren Spaziergang führte er mich bei Flora ein. Flora würde ein Mikrorestaurant bewirtschaften und dort wisse man noch zu kochen! Zwei Tische standen draußen am Scheitelpunkt einer Pflastergasse, die sich hinabstürzte zur Neustadt im Tal, vier Tische standen drinnen. Flora bewirtschaftete das Restaurant gemeinsam mit ihrer Schwester. Mir schien, Kujtim erklärte den beiden kurz die Situation: Der junge Mann sei etwas verloren, sei auf die Idee gekommen, sich im MAPO zu verpflegen! Obschon er mich bereits mit dem Byrekverkäufer bekannt gemacht und ich die *dhallë* dazu (eine Art albanischer Ayran) sehr zu schätzen gewusst habe. Flora jedenfalls lächelte ein füchsisches Lächeln, nahm mir die Karte wieder weg und beschloss, eine Kombination zu servieren. Aus allem. Aus Salat, aus den unvermeidlichen frittierten Kartoffeln und aus *qofte* (türkisch Köfte) sowie *karkaleci dëti*. Bei letzterem handelt es sich um Garnelen, die vorzüglich waren, obschon die wörtliche Übersetzung „Meeres-Heuschrecken“ lautet. Der albanischen Sprache fehlen eigene Begriffe für das, was mit dem Meer zusammenhängt. Beispielsweise lautet das albanische Wort für Möwe *pulëbardhë*, wobei *pulë* für Huhn steht und *bardhë* weiß bedeutet: Eine albanische Möwe über dem ionischen Meer ist also ein „Weißhuhn“. Der Ursprung des albanischen Volkes liegt im Dunkeln, wenngleich die Albaner sich ebenso gerne wie die Kroaten und die Slowenen als die direkten Nachfolger der antiken Illyrer sehen würden. Viel wahrscheinlicher aber ist, dass die Albaner ein Gebirgsvolk sind, das von den Völkerwanderungen hinsichtlich Sprache und Gepflogenheiten weitgehend unbeeinträchtigt blieb. An der Küste wechselten die Herrscherhäuser, entlang der großen Flussläufe zogen die Heerscharen. Die Städte, Häfen und Handelsstationen an der Küste waren griechische, römische und später venezianische Kolonien, die kaum Kontakt unterhielten ins Hinterland, kaum Austausch pflegten mit den Bergvölkern. Die wenig kultivierten Ebenen, das unwegsame Sumpf- und Schwemmland, lag wie ein zweites Meer zwischen den albanischen Siedlungen im Landesinneren und den Stützpunkten der Imperien an der Küste. Die Imperien kamen und gingen und die Namen der Küstenstädte änderten sich im Laufe der Jahrhunderte. Das Bergland der Mirdita aber blieb rau und abgeschieden,

so dass sich hier ein altes indogermanisches Idiom lange erhalten konnte.
Erst nach und nach erschlossen sich die Albaner die Ebenen, entlehnten die für Ackerbau und Landwirtschaft notwendigen Vokabeln dem Slawischen und drangen bis an die Küstenline vor, wo ein leichter Wind wehte und die Weißhühner kreisten.
Als ich ein halbes Jahr später erneut in Gjirokastra war, machte ich mir den Spaß, drei Reisebekanntschaften zu Flora auszuführen. Selbstverständlich bestellte ich einmal die Kombination für alle und ließ es mir nicht nehmen, später großzügig die Rechnung zu bezahlen, wusste ich doch, wie bescheiden diese ausfallen würde. Ich war in diesem Moment ganz Albaner, denn die Sache ist so: Es gibt sozusagen einen Tischherrn. Wenn man zum Beispiel an einen Tisch hinzugeladen wird, dann bedeutet dies automatisch, dass die anderen einen einladen. Wenn ich im MAPO sitze und Kujtim hinzu lade, dann bin ich der Tischherr und es ist sonnenklar, dass ich Kujtims Getränk übernehme. Kujtim weiß das und bestellt daher lediglich einen Kaffee. Wenn wir später in einer Bar einkehren, die Kujtim ausgewählt hat und deren Betreiber er kennt, dann ist automatisch er der Gastgeber. Niemals könnte er zulassen, dass ich die Rechnung übernehme, geschweige denn Anstalten mache, für mich selbst zu zahlen. Dies wäre gegen alle Regeln und es würde zudem den Ober verwirren wenn jetzt einer ausscherte („Getrennt bitte!“) und aus dem gemeinsamen Ganzen einen individuellen Teil herausgeschnitten haben

wollte. Geld macht alles vergleichbar und wenn jeder einzeln zahlen würde, dann wäre auf einmal der Wert der gemeinsam verbrachten Zeit messbar. Die Zeit bekäme auf einmal einen nominalen Geldwert, wodurch wiederum alle grundlegenderen Werte – die der Gastfreundschaft, die der Geselligkeit, des Lachens, des Austausches – unter den Tisch gekehrt würden und das darf nicht sein! Zeit ist nicht Geld, nicht in Albanien.

In den touristischen Lokalen mag man die fremdländische Gewohnheit des Aufrechnens und Gegeneinanderstellens mittlerweile kennen und sich in die Lage versetzt haben, eine Rechnung nötigenfalls auseinander zu dividieren (getrennt zu bezahlen wird auf Türkisch übrigens als nach Art der Deutschen bezeichnet: *alman usulü*). In einem traditionelleren Restaurant jedoch habe ich schon Anflüge von Panik beim Wirt gesehen, als eine größere Touristengruppe sich geschlossen über die handschriftliche Rechnung beugte, um minutenlang zu diskutieren, wer denn nun was verzehrt hatte und auf welche Summe dies jeweils hinauslaufen würde. Nervös wurden sie vom Wirt beobachtet, dessen Augen über die Szenerie flackerten und der sich nicht erklären konnte, worum es ging. Gab es einen Fehler? Vor wenigen Minuten war die Gruppe doch noch ganz glücklich und gelöst gewesen und jetzt auf einmal waren sie ernst geworden und diskutierten leise und verschwörerisch! Wonach suchten die Fremden? Den Raki, den keiner bestellt hatte, den hatte er doch spendiert! Dann aber hatte einer am Tisch das Heft in die Hand genommen, reihum die Lekscheine eingesammelt bis der Betrag zusammen war, sich umgedreht, dem Wirt gewunken und das Geld lächelnd ausgehändigt. Die Welt war wieder in Ordnung, zu guter Letzt hatte sich doch noch ein Tischherr gefunden! Im nobleren Ausgehviertel von Tirana, dem *Blloku*, wo die Mittelschicht und die Mafia verkehrt, ist es natürlich insbesondere unter den Jüngeren völlig üblich, die Rechnung hierarchielos aufzuteilen. Nur dass dort (wie übrigens auch in Berlin) nicht unbedingt nachgerechnet, sondern der Betrag irgendwie zusammengeschmissen wird. Schon auf der anderen Seite des Flüsschens Lana aber (diesem Abwasserkanal, der den *Blloku* von den weniger schicken Vierteln trennt) gelten andere Regeln. Ich kann mich erinnern, dass Alfons und ich im Anschluss an einen Arbeitstag am Computer in Ruhe *qofte* essengehen wollten. (Alfons versuchte gerade als junger Architekt in Tirana Fuß zu fassen und arbeitete für ein Pausenbrot in einem Architekturbüro). Kaum waren wir auf der Straße, lief uns Alfons' Mitbewohner Renato in die Arme, den wir natürlich mitnehmen mussten. Renato wiederum war mit einem Freund verabredet, den er nun zum *Qofte*-Laden dirigierte. Alfons bekam wenig später noch einen Anruf von einem Cousin, der sich gerade in Tirana aufhielt und der beschloss, sich zu uns zu gesellen, seine beiden Begleiter inbegriffen. Alle Beteiligten waren junge Männer aus dem Norden, die erst seit kurzem in Tirana waren oder wie im Falle des Cousins nur auf Besuch. Da der Cousin jedoch nur auf Besuch weilte, war ihm Alfons ganz automatisch der Gastgeber und dies galt selbstverständlich auch für seine Begleiter. Für den sowieso mittellosen Renato war Alfons desgleichen der Tischherr, hatte dieser ihn doch eingeladen mitzukommen, was Renatos ursprüngliche Verabredung natürlich miteinschließen würde. Jemanden auszugrenzen, das widerspricht den Gepflogenheiten, sich abzugrenzen ebenso. Daher saßen wir letztendlich zu siebt im Lokal und einjeder orderte nach dem ersten Korça-Bier noch ein zweites, weil das erste nicht ausgereicht hatte, um den Platten voller *qofte* Herr zu werden. Es wurde gescherzt und gelacht, Witze wurden erzählt und Alfons musste so gut es ging übersetzen, weshalb wir uns immer wieder kurz aus dem Gespräch ausklinkten, bis auch ich begriffen hatte und ebenfalls anfing zu lachen.

Kommt ein Bauer aus dem Hochland aufgrund eines Handels, eines Termins beim Notar nach Tirana. Er kennt in Tirana niemand, daher muss er ein Hotelzimmer nehmen. Der Hotelbetreiber führt ihn ins Zimmer. Der Bauer bestaunt den Luxus, das weiche Bett, die Vorhänge. Dann entdeckt er das Bad. Dreht die Wasserhähne auf und siehe da: heißes Wasser! Erst freut ihn das, dann jedoch wendet er sich betrübt an den Betreiber: Oh, der ganze Komfort! Oh, und vor allem das heiße Wasser, das fließend heiße Wasser! ...doch wie schade, wie bedeutungslos, wo doch erst Mittwoch sei und nicht schon Samstag!

Ich lachte lauthals auf, klopfte mir auf die Schenkel, legte eine Hand auf Alfons Schulter, drückte mit der anderen die seine und übergab ihm auf diese Weise einen zuvor säuberlich zusammengefalteten Tausend-Lek-Schein. Wenig später winkte Alfons mit gekonnter Selbstverständlichkeit nach der Rechnung und ließ die vereinzelten Proteste an sich abgleiten. Ein bisschen zu protestieren gehört ebenfalls zum guten Ton, ist aber auf keinen Fall ernst gemeint. Ich protestierte am lautesten und machte Anstalten, meinen Anteil selbst bezahlen zu wollen, was Alfons natürlich mit entsprechender Autorität unterband.

Kujtim eröffnete mir eines Tages, dass er anderntags nicht zum Bazar hinaufsteigen würde. Auch nicht am Tag darauf. Denn er würde auf die Hochebene von Zagoria gehen, nach dem alten Haus sehen und nach dem Garten. Und ich hörte mich sagen:
– Gut, dann werde ich auch aufbrechen, morgen. Dann ist morgen der Tag des Aufbruchs!
– Und heute der des Abschieds!
Am Abend würden wir uns noch einmal sehen, zum *xhiro*, um in der Runde der älteren Männer am Straßenrand zu sitzen. Kujtim würde eine Plastikflasche seines Rakis mitbringen und mir hausgemachtes *Byrek* mitgeben, eingelegte Pflaumen, zwei hart gekochte Eier. Nur für den Fall, dass die nächsten Orte nicht so freundlich wären wie Gjirokastra. Was durchaus wahrscheinlich sei, da waren sich die älteren Männer untereinander einig.
– Wohin ich denn jetzt wolle?
– Nach Tepelena.

– Eiderdaus, Tepelena! Da müsse ich mich aber auf etwas gefasst machen!
Auf was blieb unklar und ob überhaupt jemand in der Runde schon einmal dort gewesen war ebenfalls. Aber ich sei ja lange genug in Gjirokastra gewesen, länger als jeder andere Tourist, und man würde mir eine gute Reise wünschen, ein langes Leben ebenso, falls ich denn nicht in absehbarer Zeit zurückkehrte in die Silberstadt. Ich würde doch zurückkehren?

Jedes Ankommen ist einfach, es vollzieht sich ganz ohne eigenes Zutun. Schritt für Schritt wird das Unbekannte zum Vertrauten, ganz ohne dass Willen oder Phantasie dazu nötig wären: Ankommen geschieht von alleine, es ergibt sich. Das Ankommen ist ein Verlauf, für den Aufbruch jedoch braucht es eine Entscheidung, der Aufbruch setzt eine Zäsur. Aufzubrechen hat immer etwas leicht Verrücktes, schließlich lässt man Freunde zurück und auch wenn man auf ein Wiedersehen spekuliert, weiß man, dass dies eher unwahrscheinlich ist. Du stehst also an der Straßenseite im Staub und winkst eines der nahenden Sammeltaxis heran. Das erste ist schon voll und fährt vorbei. Wohin du gehst, das weißt du nicht genau. Wo du gewesen bist, das ist dir klar. Der Ort, an dem du ankamst, ist ein anderer als der, den du verlässt. Du bist ein wenig überrascht, wie vertraut dir Gjirokastra innerhalb so kurzer Zeit geworden ist, wie gut du dort aufgehoben warst. Du verlässt einen Ort voller Geschichten. Kujtim, Altin und den anderen gegenüber empfindest du Dankbarkeit. Du hast Freundschaften geschlossen, Orientierung und Erfahrungen gewonnen, die Welt war dir ein schöner Ort. Und dann eines Morgens zerschneidest du alle neuen Bande, packst deinen Rucksack und gehst deiner Wege. Im nächsten Kleinbus ist noch ein Platz frei, du schwingst deinen Rucksack hinein, schiebst die Türe zu, der Bus fährt an und Gjirokastra liegt hinter dir. Am nächsten Tag wird Altin wie jeden Tag sein Café aufmachen, der Geldwechsler von gegenüber wird einen Espresso bestellen, um daraufhin seinen Laden zu öffnen. Die Tabakfrau wird im Tabakladen sitzen und Fatjon wird müde im MAPO stehen und die Touristen bedienen. Kujtim wird, sobald er aus Zagoria zurückgekommen ist, wieder seine Runden durch die Stadt drehen. Flora und ihre Schwester werden in ihrem Restaurant stehen und für andere kochen, die Alten werden abends am Straßenrand sitzen und der Sommer wird kommen. Die Temperaturen werden steigen, ein heißblauer Himmel wird sich hoch über die steinerne Stadt wölben. Die Dächer werden glänzen, die Pflaster leuchten. Die Pinien werden duften, das Meer wird weit weg sein, die mächtige Lunxhëria-Kette im Dunst verschwimmen, die Luft flirren. Nur du wirst nicht mehr da sein, weil du weiter gezogen bist.

Furgon

Im Hotel Sopoti hatte es außer mir kurzzeitig einen zweiten, einen japanischen Gast gegeben, der als Individualreisender in Albanien unterwegs war, und ebenfalls im MAPO landete. Fatjon, der Kellner, hatte sich schlapp gelacht, als der Japaner innerhalb einer halben Stunde drei heiße Kakao orderte.

– Drei Kakao! Im Mai! In einer halben Stunde!

Aber es kam noch besser.

– Weißt Du, was er mich gefragt hat? Wo der Bus nach Tepelena abfährt, den Fahrplan wollte er haben! Und er wollte wissen, wo der Busbahnhof sei!

Die drei heißen Schokoladen kann ich mir auch nicht erklären, wohl aber den Rest, denn der japanische Tourist lag gleich mehrfach falsch. Aber das ist völlig normal. Auch ich will nach Tepelena und auch ich muss mich erst einmal erkundigen, wie und wann ich dort hinkomme. Tepelena liegt keine dreißig Kilometer nördlich von Gjirokastra. Fatjon war nie dort. Warum auch? Er hat dort weder Familie noch etwas zu tun. Woher sollte er wissen, wann und wo die Furgons nach Tepelena fahren? Auch einen Bäcker oder Schuster zu fragen, einen Cafébesitzer oder Geldwechsler ist müßig, denn die Genannten verlassen kaum den angestammten Ort, von Hochzeiten und Todesfällen einmal abgesehen.

Auf den Überlandstraßen, zwischen den großen Städten Albaniens, verkehren Busse. Sie fahren meist auf den alten Strecken, also auf den Straßen, die den Kommunismus noch kannten. Die alten Busse sind günstiger als die Furgons, weil sie langsamer sind und Geschwindigkeit in einem Land wie Albanien Prestige bedeutet. Gegen Ende meines ersten Albanienaufenthalts wollte ich von Vlora mit dem Bus nach Norden zurückkehren. Ich hatte meinen Rucksack gepackt, war früh auf den Beinen und fragte entlang des Boulevards einen jeden nach der Busstation, ohne jedoch ausreichende Antwort zu bekommen. Niemand schien zu ahnen, was ich wollte. Schließlich aber traf ich auf einen jungen Mann, der des Englischen mächtig war, mein Anliegen verstand, und mir klar machte, dass ich in der völlig falschen Richtung unterwegs sei. Die Busstation läge ein wenig außerhalb, beim Bahnhof. Er erbot sich, mich dorthin zu begleiten und ließ sich dies auch nicht ausreden. Während des kleinen Marsches erfuhr ich von seinem Studium und dass er auf Besuch bei den Eltern sei, ansonsten aber in Tirana lebe. Ich wiederum wurde ausgefragt über das Woher und Wohin und vor allem das Warum. Was ich denn denken würde, über Albanien, die Albaner? Ich war gerade von Vlora aus über den Llogarapass weiter nach Süden gereist, hatte in Dhërmi Station gemacht, bevor ich nach Vlora zurückgekehrt war, und war immer noch verblüfft ob soviel Schönheit. Südlich von Vlora türmt sich das Küstengebirge auf und fällt steil hinunter zum ionischen Meer, Berge und Meer gehen ineinander über. Der

Blick vom Pass ist sagenhaft, das Meer und die Buchten sind ein Traum, die Dörfer waren damals noch weitab der Welt, lagen verwunschen und verloren an den Flanken des Mali i Çikës und blickten aus sicherer Entfernung hinunter auf das Meer. In Dhërmi hatte ich das albanische Wort für schön gelernt:
– *Bukur! Shumë bukur!*
Verwundert sah mich mein Begleiter an, mit vielem hätte er gerechnet, aber dass jemand Albanien schön fand, das war damals noch ziemlich seltsam. Italien war schön, Deutschland sicherlich auch, aber Albanien doch ganz gewiss nicht.
– *This is it! Here is the bus station.*
Es war noch Zeit, also führte er mich in das Café gegenüber und drang darauf, mir den Kaffee zu bezahlen: Vlora sei seine Stadt und ich damit sein Gast! Es gab einen Fahrplan und pünktlich eine halbe Stunde später fuhr der Bus ab, er nahm den gesamten Weg zurück bis zum Boulevard, hielt mehrfach, hielt auf Zuruf, hielt wann immer dem Fahrer per Handzeichen bedeutet wurde anzuhalten.

Frühmorgens fährt ein Bus durch Gjirokastra über Tepelena nach Tirana, ansonsten aber gibt es keinen weiteren in dieser Richtung. Es gibt auch keine Busstation und Fahrpläne ebenso wenig. Stattdessen übernehmen Sammeltaxis, die sogenannten *Furgons*, den Nah- und Ferntransport von Mensch und Material. (Das Wort kommt ursprünglich aus dem Französischen und scheint über das Ungarische ins Albanische gelangt zu sein, wobei ein französischer *fourgon* ebenso unspezifisch ist wie ein deutscher Wagen.) Furgons sind Kleinbusse, sie stellen das Hauptverkehrsmittel Albaniens dar und werden es wohl mangels Alternative auf absehbare Zeit bleiben. Einen öffentlichen Personennahverkehr gibt es nur innerhalb der großen Städte, nicht aber über Land. Zwar gibt es Pläne, die völlig desolate Eisenbahnstrecke wenigstens zwischen Tirana und dem nahegelegenen Durrës zu modernisieren, doch bleibt es bislang bei Plänen. In der Zwischenzeit nimmt der Verkehr weiter zu, denn jeder, der es zu etwas gebracht hat und etwas auf sich hält, ist mit einem Privatauto unterwegs. Wenngleich die übergroße Mehrheit weiterhin auf die Furgons angewiesen ist, kenne ich Albaner, insbesondere aus Tirana, die in ihrem Leben nicht Furgon gefahren sind und auch nicht auf die Idee kämen, dies zu tun.

Was Bus und Furgon gemeinsam haben ist, dass sie von zuvor verabredeten, gewohnten Punkten aus ihre Fahrt aufnehmen. Das sind aber keine „Haltestellen“, sondern Restaurants, Parkplätze, Brachflächen oder Tankstellen, je nachdem was sich so anbietet. Dies muss man erfragen, das kann man nicht wissen. Die Busse fahren von den ehemaligen Depots aus und halten an den ehemaligen Haltestellen (ob es diese noch gibt oder nicht) und dort, wo sie gebraucht werden. Die Furgons sammeln sich in der jeweiligen Richtung, an der jeweiligen Ausfallstraße oder an einer strategisch günstig gelegenen Kreuzung. Sie fahren ab, sobald sie voll genug sind, so dass sich die Fahrt lohnt.

Im Gegensatz zu den Bussen bevorzugen die Furgons bzw. deren Fahrer die Schnellstrecken. Und wenn es keine gibt, dann wird der jeweilige Fahrer dafür sorgen, dass man das Gefühl hat, es gäbe sie.

Das Geheimnis der Furgons, das scheinbar Unergründliche von deren Fahrplänen und Frequenz ist ein privatwirtschaftliches: Die Fahrer fahren auf eigene Rechnung, es handelt sich um deren jeweils eigenes Fahrzeug, sie haben es selbst gekauft und umbauen lassen, so dass ein Maximum an Sitzreihen Platz findet. Gefahren wird zwischen dem Wohnort des Fahrers und dem Ziel, daraus ergibt sich die Strecke und die Frequenz. Zwischen Shkodra und Tirana oder Tirana und Berat beispielsweise verkehren zahlreiche Furgons und die meisten fahren zweimal am Tag: Morgens hin, spät vormittags zurück, nachmittags die gleiche Tour – überhaupt kein Problem, irgendwo am Straßenrand zu stehen und früher oder später mitgenommen zu werden. Von irgendwo in Albanien nach Tirana zu kommen ist fast immer möglich, denn alle wollen dorthin. Und andersherum gilt, dass man von Tirana, gesetzt man ist früh genug unterwegs, fast überall hingelangt. Die Hauptstadt ist eine Krake, die Rruga Durresit und die Rruga Elbasanit sind ihre Tentakel, die weit hinaus in das Land reichen.
Anders sieht es allerdings auf den Nebenstrecken aus – und alles was weiter landeinwärts führt, ist eine Nebenstrecke. Dort herrscht Mangel. Jeder, der von einem Nebenort zu einem anderen Nebenort will und über kein eigenes Auto

oder über zu wenig Finanzkraft verfügt, um wenigstens einen privaten Fahrer anzuheuern, der ist ein armer Idiot. Und ein Frühaufsteher. Denn häufig gibt es täglich nur eine Verbindung und der Fahrer muss früh los, um rechtzeitig abends zurück zu sein. Mehr als einmal ist es mir passiert, dass ich diese einzige Verbindung verpasst habe, weil ich nicht zeitig genug aufgestanden war, oder den jeweiligen Ort zu spät erreicht hatte, um noch am selben Tag weiter zu kommen. Dass zum Beispiel der einzige Furgon von Përmet nach Korça sich schon morgens um sieben auf den Weg macht, das können nur Eingeweihte wissen – solche, die entweder den Fahrer kennen oder jemanden, der regelmäßig nach Korça muss, oder die selbst regelmäßig nach Korça fahren. Dies aber sind nur wenige, denn der Weg nach Korça ist gebirgig und langwierig und deshalb wiederum gibt es nur eine Verbindung.

Nachdem lange nichts passiert ist, alle im Staub herumgestanden waren, und man gerade beschlossen hatte, sich einen zweiten Kaffee zu bestellen, schwingt sich der Furgonfahrer ohne Vorwarnung hinter das Steuer, startet den Motor und gibt Leergas. Er fährt ein paar Meter und setzt den Wagen schräg, lässt also gewissermaßen die Pferde mit den Hufen scharren, damit alle, die noch mitwollen, merken, dass es losgeht. Kaum hat die Fahrt begonnen, wird die Reisegruppe beschallt. Ich bilde mir ein, der Fahrer nimmt Rache an den Jüngeren, an all den Schulheimkehrern, die den Furgon nehmen müssen, an deren Vorlieben, dem internationalen Pop-Kitsch, der aus den Bars schallt, indem er seinerseits den Furgon mit nationalem Folk-Kitsch beschallt. Die Fahrt nach Tepelena hat etwas von einem Ritt, obschon die Straße neu ist und ausgezeichnet. Es geht durch das Tal des Drino-Flusses, die Berge verengen sich, die Wasser fließen sich kurz vor Tepelena mit denen der Vjosa zusammen und die Ufer werden zu weiten, weißen Kieselstränden. Es ist die gleiche Strecke, die Lord Byron einst zu Pferde meistern musste, um in Tepelena von Ali Pascha empfangen zu werden, jedoch – ich erlaube mir den Scherz nur, weil er wahr ist – am anderen Ufer entlang.

Jene Touristen, die angesichts der ungestümen Fahrweise der Furgons Sorge um die eigene Gesundheit äußern, können übrigens beruhigt werden. Zwar sind die meisten Furgonfahrer darauf bedacht, Strecke zu machen, und werden auch dann noch Gas geben, wenn der nächste Bremsvorgang schon absehbar ist, aber es wird im Wortsinne vorsichtig und rücksichtsvoll gefahren. Mit Vorsicht ist gemeint, dass die Vorgänge auf der Straße genau beobachtet werden und der Fahrer beispielsweise frühzeitig vom Gas geht, sobald er den Überholvorgang eines entgegenkommenden Fahrzeugs bemerkt. Rücksicht wird desgleichen geübt, von hinten kommenden Fahrzeugen wird bereitwillig Platz gemacht, es wird nachgegeben: Der Verkehr auf albanischen Straßen kommuniziert, er korrespondiert. (Nach ein paar Wochen in Albanien hatte ich mich daran gewöhnt, dass die Autofahrer ihre Geschwindigkeit drosseln oder ganz anhalten würden, sobald jemand die Straße überquerte. Jedes Mal, wenn ich nach Deutschland zurückkam, stand ich ein paar Tage lang unter Schock, weil ich über die Straße rennen musste, um zu überleben.) Ein weiterer Irrtum betrifft das Gepäck. Aus Sorge um ihr Eigentum klammern sich selbst Rucksackreisende gerne an ihre Habe und weigern sich, diese bis zur Abfahrt in die Obhut des Furgonfahrers zu geben. Am liebsten würden sie ganze Expeditionsausrüstungen mit in den Furgon nehmen, statt diese, wie es sich gehört, im Heckstauraum unterzubringen. Doch die Sorge ist unbegründet, niemand wird dem Furgon ein Gepäckstück entwenden. Dies ist ganz und gar unmöglich, denn es wäre gewissermaßen ein Diebstahl am Furgonfahrer, unter dessen Aufsicht das Gepäck ja steht. Der Dieb würde sich in erster Linie am Fahrer schuldig machen und so etwas würde niemand wagen. Mehr noch: Verlorengeglaubte Dinge haben die Angewohnheit wiederzukehren. Als ich einmal meine Wanderschuhe im Gepäckraum vergessen hatte und deshalb anderntags in aller Frühe den Sammelplatz aufsuchte, um mein Glück zu versuchen, da winkte mir, noch bevor ich ihn erkannt hatte, mein Fahrer von Ferne: froh, mir den Plastikbeutel mit den frisch reparierten Schuhen auszuhändigen. In Bajram Curri ist mir ähnliches passiert. Ich hatte lange vor der Abfahrt meinen Rucksack im einzigen Furgon in das Valbona-Tal deponiert, mich mit dem Fahrer des weißen Mercedes-Transporters verständigt, wann er abfahren würde, und beschlossen, die verbleibende Zeit mit Kaffeetrinken zu überbrücken, statt im Staub der Straße zu sitzen. Ich war lediglich die Straße hinaufgegangen, hatte mich in einem Café im zweiten Stockwerk niedergelassen, um rechtzeitig wieder aufzubrechen. An Ort und Stelle aber stand kein Furgon mehr: Kein Furgon. Sachen weg. Computer weg. Hatte ich ihn falsch verstanden? Hatte seine kreis- und dann halbkreisförmige Handbewegung gar nicht „ein und eine halbe Stunde“ bedeutet? War er etwa ohne mich losgefahren? Wenn er ohne mich gefahren war, dann würde er erst am nächsten Tag nach Bajram Curri zurückkehren. Meine Sachen bekäme ich dann ohne Zweifel wieder, aber den Tag, den Tag hätte ich verloren. Hinter mir hupte es, ich ging zur Seite. Es hupte erneut, neben mir hielt der weiße Mercedes-Transporter, die Tür flog auf, ein Arm streckte sich mir entgegen, ich wurde auf den verbliebenen freien Platz gehievt und die Fahrt ins Valbona-Tal begann.

Natürlich versucht auch in Albanien jeder, seinen Schnitt zu machen. Noch nie aber habe ich einen Furgonfahrer erlebt, der von mir mehr Geld haben wollte, als von den anderen Mitreisenden. Der Stolz eines Furgonfahrers besteht in einem stets voll besetzten Kleinbus, genauer Streckenkenntnis und der daraus folgenden Fähigkeit, diese Strecke zügiger zu bewältigen als alle anderen. Einen einzelnen Fahrgast über das Ohr zu hauen, das käme ihm nicht in den Sinn. Ihm stehen andere Möglichkeiten offen: Er kann unterwegs weitere Passagiere aufnehmen, obschon bereits jeder Platz besetzt ist, er kann Kurierdienste übernehmen und deretwegen einen kleinen Umweg fahren, er kann ein Restaurant im Nirgendwo auswählen, über die Dauer der Rast bestimmen, und sich dies vom Wirt vergüten lassen. Der Furgonfahrer mag ein Getriebener sein, im Gegensatz zum Taxifahrer ist er kein Jäger.

Inzwischen hat sich so etwas etabliert wie ein grober Fahrplan. Meist annoncieren die Furgons mittlerweile nicht nur das Fahrtziel auf einem Schild hinter der Windschutzscheibe, sondern auch die Abfahrtszeit. Ich bin mir absolut sicher, dass der Japaner samt seinem schweren Rucksack von jemandem aus Gjirokastra hinausgeleitet wurde, bis hin zur richtigen Kreuzung. Dass er erst seinen Rucksack nicht hergeben wollte, schließlich aber nachgab und dann am Straßenrand bei einem Kaffee (oder drei Kakao) gewartet hat, bis der Furgon schließlich voll genug war. Als der Motor aufheulte und der Furgon einen Satz machte, sprang der Japaner auf. In Tepelena hat man ihm bedeutet, dass Tepelena nun erreicht sei. Er hat seinen Rucksack in Empfang genommen, seine zweihundert Lek gezahlt wie jeder andere auch. Und er wurde in das nächste Café geschleust, dem Cafébetreiber wurde kurz Bescheid gegeben, dass dieser seinen Cousin anrufen solle, denn der hätte doch Zimmer frei.

Tepelena

Auf jeder Reise gibt es Stunden, Tage oder Phasen, in denen du dich als das fühlst, was du bist: ein Streuner, ein bezugs- und beziehungsloser Fremder, ein Verlorener. Die Welt um dich herum hört auf, Sinn zu ergeben, die Zufälle, die dich bislang an der Hand genommen hatten, bleiben aus. Du hast ein Gespür dafür entwickelt, wann sich die Welt dir öffnet und wann sie sich verschließt. Du weißt, dass es einen Rhythmus gibt und dass es nichts zur Sache tut, ob du damit einverstanden bist oder nicht. Du hattest Wind in den Segeln und der Wind trug dich bis nach Tepelena, dort aber ließ er unvermittelt nach. Vielleicht lag es daran, dass du zur Mittagsstunde in Tepelena aus dem Furgon gestiegen bist und keiner auf der Straße war. Vielleicht aber lag es auch an Tepelena selber, denn die Stadt hat Jahrhunderte lang nur dazu gedient, Fremde einzuschüchtern und aufzuhalten, nicht aber sie aufzunehmen. Tepelena war nie Handelsstadt, Tepelena war immer Festung und Garnison gewesen. Welcher Geier saß auf deiner Schulter, als du beschlossen hattest, dort drei Tage zu verbringen? Du weißt es nicht mehr? Es ist auch nicht wichtig.

Tepelena ist die Stadt Ali Paschas, an Tepelena führt kein Weg vorbei. Wer immer im Verlauf der Jahrhunderte auf dem Landweg von Griechenland ins Landesinnere

Albaniens vordringen wollte, um Handel zu treiben oder Krieg zu führen, der musste das Drino-Tal entlang. Bei Tepelena vereinigt sich der Drino mit den milchig-türkisen Wassern der ungebändigt mäandernden Vjosa. Ein breites Felsplateau schiebt sich in das Tal und verengt das Flussbett. Das Plateau wird von den massiven Mauern dessen eingefasst, was einst Ali Paschas Festung gewesen ist. Imposant sind diese schon deswegen, weil sie eine Einheit mit der Natur bilden und wie eine Fortsetzung der Felsen wirken. Die Mauern ziehen sich die gesamte Flanke des Plateaus entlang und lassen die Festung größer erscheinen, als sie in Wirklichkeit war. Erst als ich zwei Tage später wieder aufbrach, war mir klar geworden, warum Touristen nicht in Tepelena bleiben. Die Busse halten unten an der Kreuzung, die Besucher laufen hinauf, werfen einen Blick auf die Mauern der Festung, stoßen auf das vergleichsweise kleine Tor, schlüpfen hindurch und stehen verwundert zwischen Bauernhäusern, Feldwegen, Gärten, Reben und Wassertanks: Nichts außer der Ummauerung ist von Ali Paschas Feste geblieben. Ein Erdbeben hat 1920 Tepelena fast vollständig zerstört, einzig die Festungsmauern hielten stand. Ein lokaler Aberglaube besagt, dass die Stadt jedes Mal kurz vor der Zerstörung stünde, sobald sie mehr als hundert Gebäude zählen würde. Es wäre demnach mal wieder an der Zeit, denn der Kommunismus hat Tepelena zahlreiche Straßenzeilen und Gebäude hinzugefügt und inzwischen kriechen die Neubauten den Hang hinauf. Wehrhaft ist Tepelena immer noch: kein neu errichtetes

Haus, das nicht mit einem Stacheldraht, mit Glasscherben auf der Betonmauer und mit einem anschlagenden Hund gesichert wäre. Den letzten Aufstand hat Tepelena im Jahre 1997 gesehen, als von dort aus gegen die Regierung Sali Berishas zu den Waffen gegriffen wurde und landesweit Unruhen losbrachen.

Tepelena ist eine osmanische Siedlung, der Name kommt von türkisch *tepedelen*: „den Hügel durchbrechend" – womit offensichtlich die hervorstehende Felsformation gemeint ist, auf der zunächst ein byzantinischer Wachturm stand, dann ein osmanischer Stützpunkt errichtet wurde und schließlich Ali Paschas Festung. Schrittweise hatten die osmanischen Truppen Ende des vierzehnten Jahrhunderts von Kleinasien aus begonnen, die Gebiete des orthodoxen Byzanz, den Balkan, und damit auch die meisten albanisch besiedelten Gebiete zu unterwerfen. Die fremde Macht hatte sich nicht auf Buchten, Küstenorte und Stützpunkte beschränkt, war nicht über das Meer gekommen, sondern hatte den Landweg gewählt, Brücken gebaut und Straßen vorangetrieben. Epirus und Südalbanien fielen bereits Anfang des fünfzehnten Jahrhunderts an den osmanischen Sultan, knapp fünfzig Jahre vor Byzanz, also dem ehemaligen Konstantinopel und heutigen Istanbul. Von Kruja aus versperrte zwar Gjergj Kastrioti jahrzehntelang den Weg nach Norden, gewann Schlacht um Schlacht, und ging als Nationalheld Skënderbeu (Iskender Bey) in die albanischen Geschichtsbücher ein (ganz so wie Jan Sobieski in die polnischen und Charles Martel in die französischen). Nach

Skënderbeus Tod aber wurden die albanischen Gebiete (mit Ausnahme der unwegsamen Regionen der Mirdita, des Diber und der Region um die Küstenstadt Himara) allesamt zu unbedeutenden Provinzen am äußersten Rand des osmanischen Großreiches. Die Handelsbeziehungen und geistigen Verbindungen venezianisch geprägter Städte wie Skutari (Shkodra), Valona (Vlora) oder Durazzo (Durrës) nach Italien wurden gekappt, lokale Feudalherrscher als Statthalter des osmanischen Reiches eingesetzt und auf diese Weise Albaniens mittelalterliche Gesellschaftsstruktur konserviert.

Man darf sich die Unterwerfung des Balkans jedoch weder als militärische Besetzung noch als missionarisch motiviert vorstellen. Macht, Einfluss und Steuern waren die Ziele der Hohen Pforte, Islamisierung hingegen nicht. Unter der Herrschaft der Osmanen ging der venezianisch-katholische Einfluss zurück, die christlich-orthodoxe Kirche hingegen erstarkte sogar. Der Austausch mit Europa blieb jahrhundertelang verschlossen, aber die Wege nach Istanbul standen offen. In Istanbul gewannen die Griechen als Übersetzer, Seefahrer und Gelehrte an Einfluss, die jüdischen Rabbis von Saloniki und Smyrna blieben ebenso im Amt wie die orthodoxen Patriarchen. Mitsamt ihren Stammesfürsten und Lehnsherren traten die albanischen Söldner, Bauern und Ziegenhirten gleichwohl mehrheitlich zum Islam über. Der Bau von Moscheen, die Ausbildung und Entsendung von Predigern und Gelehrten erfolgte bald von

Istanbul aus – den Albanern wurden aufgrund ihres Übertritts zum Islam Beamtenkarrieren an der Hohen Pforte oder in der osmanischen Armee ermöglicht. Auch Ali Pascha hatte lange in Istanbul administrative Aufgaben erfüllt, bevor er 1788 in seine Heimat zurückgeschickt wurde, um von Ioannina aus als Statthalter den Sultan zu vertreten, Gerichtsbarkeit auszuüben und regelmäßig Steuern zu entsenden. Als Löwe von Ioannina erlangte Ali Pascha zweifelhaften Ruhm – eine ganz erstaunliche Karriere für jemanden, der ursprünglich aus einer Bauernfamilie stammte und zwanzig Jahre lang eine Räuberbande anführte.

In Beçisht wurde Ali Pascha geboren, einem Bergdorf auf der anderen Seite der Vjosa. Ich hatte Zeit und machte mir den Spaß, die Vjosa auf der alten Hängebrücke zu überqueren und die paar Kilometer nach Beçisht hinaufzusteigen – wohlwissend, dass es dort außer Reben, Ziegen und Bauernhäusern nichts zu sehen geben würde, von der Aussicht ins Tal, mit der Ali Pascha aufgewachsen war, einmal abgesehen. Der Schäfer, dem ich unterwegs begegnete, war freundlich und wies mir eine Abkürzung aus, so dass ich nicht den Kehren der Straße folgen musste. In Beçisht aber wandten sich alle Augenpaare, sobald sie mich erspäht hatten, schnell wieder ab. Niemand, auch die Kinder nicht, wollte mit mir, dem Fremden, zu tun haben, keiner die üblichen Fragen an mich richten. Eine Bar oder einen Laden gab es nicht, die Hunde hinter den Mauern schlugen reihenweise an. Ich kam an zwei Alten vorbei, die im Schatten unter einem Feigenbaum saßen und in einer rasenden Geschwindigkeit Backgammon spielten. Ich sah ein Grundstück, dessen Grenzen statt mittels einer Mauer oder einem Zaun mit Autowracks eingefasst waren. Zunächst hatte ich diese gar nicht als solche erkannt, denn die Chassis waren zur Hälfte in den Boden gerammt worden, die jeweils andere rostete vor sich hin.

Der junge George Gordon Byron geriet auf ähnliche Weise nach Albanien wie viele Reisende nach ihm auch: mehr durch Zufall als durch Intention. Auf Malta hatten er und sein Reisegefährte Hobhouse noch Arabischstunden genommen und eine arabische Grammatik erworben, um sich kurz darauf im späten September des Jahres 1809 jedoch über Griechenland nach Albanien einzuschiffen. Byron fand die Vorstellung, ein Land zu besuchen, das zwar in Sichtweite Italiens liege, von dem aber weniger bekannt sei als vom Landesinneren Amerikas, so interessant, dass alle anderen Pläne fallengelassen wurden. In Ioannina wurden sie von Gesandten des osmanischen Statthalters in Epirus und Südalbanien, Ali Pascha, in Empfang genommen und mit guten Pferden ausgestattet. Nach einem achttägigen Ritt an den Flanken der Lunxhëria entlang kamen Byron und sein Begleiter Hobhouse bis nach Tepelena, zu Ali Paschas Stammsitz. Hobhouse führte ein kurzangebundenes Tagebuch, er beschreibt Südalbanien als – ich fasse überspitzt zusammen: „Schottland plus Minarette". Byrons zwei Briefe an seine Mutter beschäftigen sich mehr mit seinen Erwartungen und Ali

Paschas ebenso sagenhaftem wie grausamen Ruf, als mit der Einsicht in Land und Leute.

Um 1800 herum, also zu den Zeiten Ali Paschas, begann das osmanische Reich Zeichen von Schwäche zu zeigen, der Griff der Hohen Pforte um die Provinzen und die Provinzfürsten ließ vorübergehend nach. An der Nordküste, in der Region um Shkodra waren es die Bushatis, die einen halbautonomen Status errangen, im Süden schmiedete der mächtige Ali Pascha Pläne, mit der Eroberung der ionischen Inseln und dem Aufbau einer Seestreitmacht seine Unabhängigkeit von Istanbul voranzutreiben. Nur drei Tage nach Byron bricht eine britische Streitmacht von 1800 Mann ebenfalls von Malta aus auf, um die ionischen Inseln von Napoleons Soldaten zu befreien und dem Empire einzuverleiben. Solche Marschbefehle werden nicht von heute auf morgen erteilt, es bedarf umfangreicher Vorbereitungen, die den oberen Kreisen auf einer Insel wie Malta unmöglich verborgen bleiben konnten, wohl aber zwei unbedarften Touristen. Es ist also mehr als wahrscheinlich, dass die Ratgeber und Einflüsterer, diejenigen, die Byron und Hobhouse auf Malta mit Geschichten über Ali Pascha den Mund wässrig gemacht hatten, genau wussten, was sie taten: Byron und Hobhouse als Nebenfiguren in einem größeren Spiel einzusetzen. Die Landnahme der Briten würde den Plänen des Paschas widerlaufen, die Inseln im Einvernehmen mit dem Empire unter seine Kontrolle zu bringen. Da kam es gerade Recht, dem Pascha zwei abenteuerlustige aber politisch naive Jünglinge als hohen Besuch anzuempfehlen – als kleinen diplomatischen Gag sozusagen, als Fußnote zu einer Randnotiz in der Geschichte des britischen Imperialismus. Der hochgewachsene, gut aussehende Byron würde mit seinen einundzwanzig Jahren schon Eindruck machen auf Ali Pascha, der Jünglingen und Knaben alles andere als abgeneigt war. Durch den britischen Konsul in Ioannina wurde Byron dem Großvisier als von hoher Geburt und aus wichtiger Familie angekündigt. Mehr noch: Es gibt Hinweise, dass Ali Pascha glauben gemacht wurde, Byron sei der Neffe von Englands König, George dem Dritten. Byrons Adelstitel war ihm jedoch von einem Großonkel zugefallen, er war aufgrund dessen zwar Mitglied des House of Lords, jedoch dem verarmten Landadel zugehörig und nicht den einflussreichen Häusern.

Es bleibt unserer Vorstellung überlassen, wie unangenehm es Byron gewesen sein muss, von Ali Pascha Glückwünsche zur zwischenzeitlich erfolgten britischen Besetzung von Zakynthos, Kefalonia und Ithaka entgegen zu nehmen. Er selbst hat sich zeitlebens nicht dazu geäußert. Stattdessen berichtet Byron, Ali Pascha hätte sie wie Kinder behandelt, ihnen Süßigkeiten auf das Zimmer geschickt und von ihm wissen wollen, woher er sich das Herz genommen hätte, in seinem Alter seine Mutter zu verlassen. Sie sollten ihn, den Pascha, als ihren Vater betrachten, solange sie sich in seinem Herrschaftsbereich befänden.

Byron und Hobhouse blieben lediglich ein paar Tage in Tepelena, am neunzehnten Oktober waren sie dort angekommen, bereits am 23. machten sie sich auf den Rückweg (und nächtigten nachweislich in einem griechischsprachigen Bauernhaushalt, dessen Bewohner eigens vertrieben wurden, um der Gentry Platz zu machen). *Childe Harold's Pilgrimage*, Byrons im Anschluss an die Reise verfasstes Poem, ist mehr ein Spaziergang durch mythologische als durch reelle Landschaften und bleibt auch dort, wo es um Albanien geht, mehr Anrufung als Bericht:

„*Land of Albania! Let me bend mine eyes*
On thee, thou rugged nurse of savage men!
The cross descends, thy minarets arise,
And the pale crescent sparkles in the glen."

Ein gutes Jahrzehnt nach Byrons Besuch in Tepelena wurde der neue Sultan Mehmed des widerspenstigen Ali Pascha allmählich überdrüssig und ließ diesen schließlich erschießen, um dessen abgetrenntes Haupt in Istanbul zur Schau zu stellen – im Schandkasten, ganz so, wie es uns Ismail Kadare im gleichnamigen Roman ausmalt. Byron kehrte 1823, ein Jahr nach Ali Paschas Tod, nach Griechenland zurück und schloss sich, immer noch auf der Suche nach einem heroischen Lebenswandel, dem griechischen Freiheitskampf gegen die Osmanen an. Statt aber von feindlichem Feuer niedergestreckt zu werden, erlag er den Folgen einer Unterkühlung. Griechenland schüttelte die osmanische Herrschaft bereits 1832 ab, Albanien erlangte seine Unabhängigkeit erst im Jahre 1912, verlor sie aber sofort wieder.

Dass fast keine der Bars in Tepelena einen Namen trug, hatte man mir dadurch erklärt, dass doch jeder die verschiedenen Bars und deren Eigentümer mit Namen kennen würde: Wozu also denselben Namen noch einmal darüber schreiben? Auch dafür, dass es fast nirgends etwas Essbares im Angebot gab, gab es eine einleuchtende Erklärung: Tepelena sei eben klein. Daher ginge es noch vernünftig zu und man würde zuhause essen: Vor oder nach dem *xhiro*, so wie es sich gehört – und nicht etwa wie im liederlichen Gjirokastra, wo die Schulkinder auf der Straße *suflaqe* essen und die Alten ihren Käse in aller Öffentlichkeit auspacken, ganz so, als gäbe es die eigenen vier Wände nicht. Außer Haus zu essen, das würde ja aussehen, als ob die eigene Frau zuhause nicht im Stande sei, vernünftig zu kochen – ein gesellschaftliches Risiko, dass niemand in Tepelena ohne Not eingehen würde! Nein, nein, das mache keiner, in Tepelena sei die Welt noch in Ordnung!

Der Regen wurde stärker und schon bald würde es zu dämmern beginnen, meine Laune sank und ich streckte den Daumen nach einem scheppernden Lieferwagen aus, der bis obenhin voll war mit wiederverwertbarem Müll. Als er an mir vorbeifuhr, konnte ich sehen, dass alle drei Plätze besetzt waren. Doch der Lieferwagen hielt hundert Meter weiter an und hupte. Die Beifahrertür ging auf und ich begann zu rennen – Anhalter müssen rennen, sonst nimmt man sie nicht ernst! Ein Junge kletterte nach hinten auf die Ladefläche und machte es sich zwischen einem rostigen Bettgestell und einem ausrangierten Kühlschrank bequem. Ein zweiter stieg aus, grüßte und hieß mich in der Mitte Platz nehmen, neben dem Fahrer:

– Ich dachte mir doch, dass du Deutscher bist! Ich hab gewettet, dass du Deutscher bist! Die beiden wollten es ja nicht glauben!

Der Fahrer war ein junger Roma, der demselben Erwerb nachging wie viele andere Roma auch. Auf Altmetall- und Glashandel haben sich die meisten spezialisiert. Nur sind diese nicht im Kleinbus unterwegs, sondern fahren mit motorisierten Dreirädern die Müllcontainer an, um diese nach Verwertbarem zu durchsuchen: Aluminiumdosen, Glasflaschen, Papier. Weiß Gott, wo und wie sie das zu Geld machen. Dies und die streunenden Hunde sind der Grund, warum die albanischen Müllcontainer an den Straßen häufig umgeworfen sind und der Inhalt auf der Fahrbahn weit verstreut ist. Es gibt Menschen, die leben vom Müll, weil es Menschen gibt, die Müll machen. Bei Tirana gibt es eine ganze Romasiedlung, Shkoza, die einem indischen Slum in nichts nachsteht: Die Hütten und Verschläge sind aus allem zusammengebaut, was sich so findet, fließend Wasser gibt es nicht, eine Kanalisation und Strom ebenso wenig. Arbeit gibt es für die Roma auch nicht und ohne Arbeit gibt es keine Wohnung. Was bleibt ist der Müll. Die Kinder gehen lieber Müll sammeln als zur Schule, weil sie in der Schule stigmatisiert werden. Nicht nur aufgrund ihrer dunklen Hautfarbe, sondern vor allem wegen ihres Geruchs: Sie riechen nach Shkoza, sie dünsten den Müll aus.

Mein Fahrer hatte, wie sich herausstellte, in Dortmund gelebt, lange Jahre lang.
– Was zum Teufel machst du hier? Hier hält doch kein Arsch an!
Ich berichtete, dass ich von Tepelena gekommen, ab Korça kein Furgon mehr gefahren sei. Deshalb sei ich von einem LKW mitgenommen worden, jedoch nur bis zu den Baustellen. Dann hätte ich mein Glück versucht – weit sei ich nicht gekommen, das könnten sie ja sehen. Wir erreichten die Hügelkuppe, bogen um die Ecke und vor uns erschien der Ohridsee. Kurz bevor wir nach Pogradec hineinfuhren, fragte der Fahrer auf Deutsch, ich zitiere wörtlich: Ob es mir etwas ausmachen würde, wenn sie mich schon an der

nächsten Ecke rauslassen würden. Denn die Polizei sei ihnen gegenüber etwas kritisch eingestellt: die würde ganz schnell einen saftigen Strafzettel schreiben, weil das Auto nur für drei Personen zugelassen sei. Ich müsse das verstehen. Ich verstand. Was ich nicht verstanden hatte, war, wie er mich als Deutschen hatte erkennen können. Wahrscheinlich hatte meine Outdoor-Regenjacke mich verraten.

Pogradec liegt am Ufer des Ohridsees, schräg gegenüber der heiligen Stadt Ohrid. Pogradec ist bis auf die Promenade am Seeufer ein bisschen schäbig, ein bisschen vernachlässigt, und hat nicht ansatzweise die Üppigkeit ihres Gegenpols Ohrid am anderen Ufer. Nachts erstrahlt Ohrid im Lichte der Scheinwerfer, welche auf all die orthodoxen Kirchen gerichtet sind – es sind 365 an der Zahl, für jeden Tag des Jahres eine, es ist an alle Heiligen und Namenstage gedacht. In Pogradec stehen zwei oder drei schmucklose Moscheen, deren Minarette aus Beton sind und keine zwanzig Jahre alt. Es gibt kein Baumonument, was sich auszuleuchten lohnen würde. Monumental ist einzig das Hotel Enkelana, auf dessen sieben Stockwerken sich Mitte Mai jedoch nur wenige Touristen verlieren. Saison ist nur während der vier Wochen im Hochsommer, wenn die Menschen Tirana fliehen und die kühlere Luft am hoch gelegenen See suchen. Dass Pogradec in Albanien als „Dichterstadt“ gilt, ist vor allem dem Poeten Lasgush Poradeci geschuldet, der sein Pseudonym nach seinem Geburtsort gewählt hat (dabei das „g“ jedoch wegsparte, weil es ihm zu slawisch anmutete), diesen jedoch nur gelegentlich im Sommer aufsuchte und ansonsten in Tirana wirkte. Vielleicht liegt es auch an der Luft und der Lage, am Flair jedenfalls liegt es nicht.

Ich lief mit dem Rucksack durch die Stadt und fast jeder Taxifahrer sprach mich an:
– Ohrid? Ohrid?
Einen Bus entlang dem rechten Seeufer nach Ohrid gibt es ebenso wenig, wie einen ins mazedonische Struga am linken. Die Grenzstationen zwischen Mazedonien und Albanien markieren keine Verbindungs- sondern Trennungslinien, obwohl (oder gerade weil) die Gegenden dies- und jenseits der Grenzziehung ethnisch und kulturell mehr Gemeinsamkeiten haben als Unterschiede. Der direkte Weg vom albanischen Pogradec am Ohridsee ins albanische Peshkopi am Korabgebirge führt daher nicht durch Albanien. Er führt erst am Ohridsee entlang nach Struga (das in Mazedonien liegt, aber fast zur Hälfte albanisch bevölkert ist), folgt dann dem Tal des schwarzen Drins hinunter bis nach Dibra und geht von dort aus über Hügelland hinüber nach Peshkopi. Ich hatte beschlossen, den natürlichen Gegebenheiten zu folgen und nicht der Logik nationaler Abgrenzung: Wozu mühsam nach Tirana zurückkehren, um von dort über Burrel erneut die Berge zu überwinden, um nach Peshkopi zu kommen, wenn man doch am See entlang dem Landstrich folgen kann? Ich fand einen Furgon nach Tirana, dessen Fahrer sich bereit erklärte, mich an der Abzweigung zur Grenze hinauszulassen. Notfalls

würde ich die Grenze eben zu Fuß überqueren, dagegen gibt es kein Gesetz.

Die albanischsprachige Minderheit macht fast ein Viertel der Gesamtbevölkerung von Mazedonien aus und lebt vor allem im westlichen Teil des kleinen Staatsgebildes. Die heutigen Grenzen Albaniens wurden nach dem ersten Weltkrieg und dem endgültigen Zerfall des osmanischen Reiches festgelegt. Die Albaner hatten kaum Fürsprecher und keine Schutzmacht, die sich für ihre territorialen Interessen stark gemacht hätte, so wie beispielsweise Russland über Jahrhunderte dem slawisch-orthodoxen Serbien verbunden war und dies bis heute ist. Deshalb fiel eine ganze Reihe mehrheitlich albanisch besiedelter Gebiete an das Nachbarland: Der Kosovo wurde ebenso wie das heutige Mazedonien dem Königreich Serbien zugesprochen, Süd-Epirus und Ioannina waren 1913 griechisch geworden, die wichtige Hafenstadt Dulcigno (Ulcinj) bereits 1880 zu Montenegro gekommen. Übrig geblieben ist nach dem Verständnis nicht weniger nationalistisch-gesinnter Albaner lediglich ein Rumpfstaat – eine Überzeugung, von der heute noch der eine oder andere Gebietsanspruch abgeleitet wird. Man könnte an dieser Stelle ausholen und skizzieren, wie die Ansprüche der verschiedenen Nationalitäten, Ethnien und Staaten der Region einander widersprechen oder sich überlappen. Begnügen wir uns aber mit dem Hinweis, dass die orthodoxen griechischen Albaner sich vor allem aufgrund der Religionszugehörigkeit schon lange assimiliert haben und keineswegs den Anschluss an den Nachbarstaat suchen. Stattdessen liegt das nationalistisch-griechische Augenmerk wiederum auf Südalbanien, also dem ehemaligen Nord-Epirus: Mit Verweis auf die dortige griechisch-orthodoxe Minderheit wird behauptet, Süd-Albanien sei originär griechisch! Durch den Kosovokrieg wurde die albanische Minderheit in Serbien zwar vor den ethnischen Säuberungen in Schutz genommen – jedoch mit der Folge, dass es nun eine serbische Minderheit im Norden des Kosovo gibt, die Schutz braucht. Und, dass in ehemals multi-ethnischen Städten wie Prizren jetzt fast ausschließlich Kosovo-Albaner leben, weil die serbische Bevölkerung längst weggezogen ist: Einst lebten zehntausende Serben in der Stadt, heute sind es noch genau vier Familien. Zwischenzeitlich, um genau zu sein, Ende April 1999, war Prizren – nachdem dort die serbischen Milizen von Haus zu Haus gezogen waren – als „albanerfrei" deklariert worden. Das Gegenteil davon ist eingetreten, aber dieses Gegenteil zeigt spiegelverkehrt die einstigen Absichten Miloševićs: Die ethnische Säuberung, sie fand statt und sie war erfolgreich, nur eben nicht im Sinne ihres Erfinders. Die Fuchsbrücke in Prizren heißt so, weil dort monatelang ein deutscher Fuchspanzer Stellung bezogen hatte: In Prizren gelten die KFOR-Truppen als Befreier, in Mitrovica aber stellen sie Besatzer dar. Auf beiden Seiten gibt es Menschen, die sich heute wundern, wie dies überhaupt möglich war: Dass die albanischen Nachbarn auf einmal zu Feinden wurden, dass die serbischen Arbeitskollegen über Nacht auf einmal die Anderen waren. Auf beiden Seiten gab es Menschen, die einander Schutz geboten haben, Serben haben Albaner versteckt gehalten und versorgt, später haben Albaner den serbischen Nachbarn geholfen – weil sie Nachbarn waren, sich kannten, sich schätzten, jahrzehntelang zusammen im selben Dorf gelebt haben. Dies hat Leben gerettet, aber ansonsten wenig genützt, die Welt war explodiert und man hat sich gegenseitig noch vor den fliegenden Trümmern beschützt – was nichts daran änderte, dass die Welt explodiert war und nie wieder so sein würde, wie zuvor.

Dort, in Prizren, hat man mich einmal aufgrund meiner seltsamen Aussprache des Albanischen für einen Albaner gehalten. Auf diese Weise habe ich herausgefunden, dass die Kosovaren sich selbst als Kosovaren und die Albaner aber als Albaner bezeichnen, wohingegen die Albaner die Kosovaren ebenfalls als Albaner betrachten.

Die Straße verlässt kurz hinter Pogradec das Seeufer und gewinnt gut dreihundert Meter an Höhe. Dort oben – und nicht etwa am Seeufer – liegt die Grenzstation zu Mazedonien. Der Furgon setzte mich an der Abzweigung ab, wo mehrere Mercedes auf Grenzgänger, auf Kundschaft wie mich warteten. Ich schulterte meinen Rucksack, der Fahrer eines knallroten Mercedes sprach mich an. Ich winkte ab, mein Misstrauen gegenüber Taxifahrern sitzt tief:
– Kein Problem: Ich hab' Beine, ich kann laufen.

– Klar kannst du das! Aber, Junge: ...drüben kommst du nicht weiter!
Er schlug vor, mich für siebenhundert Lek bis nach Struga zu fahren. Zum Busbahnhof. Ich nahm an. Das Geld wollte er sofort, ebenso meinen Pass. Das Taxischild nahm er ab und legte es in den Kofferraum, in Mazedonien dürfe er nicht Taxi fahren, dort würde seine Lizenz nicht gelten. Aus den Augenwinkeln konnte ich sehen, wie er den Pässen dreihundert Lek beilegte, um diese wenige Kilometer später den albanischen Zöllnern auszuhändigen.
Neuerdings sind auf albanischer Seite Anti-Korruptionsplakate angebracht mitsamt einer Hotline, die man anrufen könnte, sobald man etwas zu berichten hätte. Ich weiß es nicht genau, aber ich kann mir vorstellen, dass ein solches Telefonat den Gegenwert von dreihundert Lek (zwei Euro dreißig!) schnell überschreitet und einem zügigen Grenzübertritt zudem eher im Wege steht. Ich war jedenfalls froh, dieses eine Mal auf einen Taxifahrer gehört zu haben, denn auf der mazedonischen Seite standen keine Fahrzeuge, die mich mitnehmen hätten können, und der kilometerlange Marsch die Straße hinunter bis nach Struga wäre alles andere als ein Vergnügen gewesen. Weiter bis nach Dibra kam ich problemlos mit dem Bus. In Dibra (mazedonisch Debar) sah ich mich verblüfft um, kam es mir doch so vor, als wäre dort das Albanertum ein bisschen zugespitzt, ein wenig verschärft worden. In vielen Bars gab es zudem keine alkoholischen Getränke – im Vergleich zu Albanien schien der Alltag in Dibra stärker vom Islam geprägt zu sein.

Wahrscheinlich ist es die Regel, dass eine Minderheit, die sich als solche fühlt oder die man sich als solche fühlen lässt, auch eine darstellt: dass sie ihre Identitätsmerkmale lauter und gröber zur Schau trägt als dort, wo sie in der Mehrheit ist. Außerdem fühlte ich mich an das provinzielle Albanien meiner frühen Jahre erinnert, denn in Dibra war noch nichts passiert, was man als Fortschritt hätte bezeichnen können. Mit einem Wort: Der gesamten Stadt konnte man ansehen, dass man sie bei der Zuteilung von Geldern für den Straßenbau vergessen und womöglich auch sonst übergangen hatte – dass sie dort, im hintersten Winkel Mazedoniens, fern der Hauptstadt, fern von deren Slums und deren grotesk renoviertem Innenstadtbereich, abgeschnitten von den eigentlich leicht zugänglichen albanischen Provinzen, ein Schattendasein führt. Die inzwischen abgewählte mazedonische Regierung frönte über mehrere Legislaturperioden einem Nationalismus, der hart ans geistige Verbrechen grenzt und vor Geschichtsklitterung nicht nur keinen Halt machte, sondern sie zum Prinzip erhob. Josip Broz Tito war es, der es sich einfallen ließ, die südlichste Provinz seiner jugoslawischen Föderation, die Vardarska Banovina, zur sechsten Teilrepublik zu machen, auf den Namen Mazedonien zu taufen und den Mazedonismus zu fördern. Tito machte einen Unterschied zwischen der jugoslawischen Nation und den unterschiedlichen Nationalitäten, die in ihr beheimatet waren. Notfalls, und um die Widersprüche zu kitten und sein panslawisches Reich zusammenzuhalten, wurden Nationalitäten erfunden, so die der Mazedonier, die im Vardarbecken in einem vielschichtigen Zwischenraum aus griechischen, albanischen und bulgarischen Einflüssen leben. Auf Deutsch werden all diese Landstriche und Gegenden als der Balkan zusammengefasst, was im Englischen viel treffender als *the balkans* bezeichnet wird.

Von Dibra aus führt kein Weg über die Grenze nach Peshkopi, nur der mit dem Taxi. Für mich ging es zügig weiter, denn die Taxifahrer wissen, dass man auf sie angewiesen ist und sie ahnen, dass man nicht vorhat zu bleiben. Ich wurde sofort angesprochen, der Preis wurde verhandelt, mein Rucksack im Kofferraum deponiert – dem Fahrer war es egal, dass ich erst noch etwas essen und einen Gang durch die Stadt machen wollte. Er kam einfach mit. Ich war sein großer Fang, die zwanzig Euro für die Fahrt über die Grenze waren mehr, als er sich vom gesamten Tage erhofft hatte, und deshalb gab es auf einmal Zeit. Zeit, um ein bestimmtes Lokal aufzusuchen, Zeit, noch bei Bekannten einzukehren, Zeit, das Taxischild abzuschrauben und unter den Fahrersitz zu legen: in Albanien dürfe er nicht Taxi fahren, denn dort würde seine Lizenz nicht gelten.

Peshkopi

Der Gebetsruf erscholl lauter und inbrünstiger als es noch tags zuvor der Fall war. Mit Beginn des Ramadans hatte der Imam von Peshkopi heimlich die Lautsprecher hochgedreht. Gleichzeitig feierte die nahe Schule jedoch Zeugnisvergabe und besaß nicht nur die bessere Anlage, sondern auch das größere Durchhaltevermögen. Die Geräusche der Stadt drangen zu mir herauf, der Balkon der Villa sowie die Terrasse blickten über Peshkopi hinweg. Von einer mehrstündigen Mittagspause abgesehen, war die Schule in Dauerbeschallung versetzt, die Bässe dröhnten und der teils amerikanische, teils albanische Hiphop ließ keinen Zweifel an den vorwiegenden kulturellen Idealen aufkommen. Auch Bessi, der den Ramadan ernst nahm, der tagsüber fastete und erst nach Sonnenuntergang Wasser trank, waren seine Turnschuhe lieb und teuer. Wenn er sich zwischen Religion und Fußball entscheiden müsste, würde er wahrscheinlich in Schwierigkeiten kommen. Doch niemand in Albanien muss sich entscheiden, Widersprüche müssen nicht aufgelöst werden, sondern werden gelebt: Bessi brachte es sogar fertig, Messi zu lieben und gleichzeitig Ronaldo zu schätzen. Ich fragte mich, wie Bessi das machte, die Arbeit im Hostel und dann mit uns sechs Stunden lang durch die Bergwelt ziehen, ohne zu essen, ohne zu trinken. Bessi sagte: Frage der Gewöhnung! Früher sei es schlimm gewesen, als er noch in Peshkopis Fußballmannschaft gespielt habe, da hätten sie erst einen Berglauf gemacht und abends dann noch ein Spiel gehabt. Das sei damals ganz schön schwierig gewesen, nach dem Spiel habe er erst mal literweise Wasser getrunken, das würde wirken. Daher sei das jetzt gar nichts im Vergleich…

Ich bewohnte die Diktatorensuite, jedenfalls bildete ich mir das ein: Die Villa, *shpia pritjes*, war in den zwanziger Jahren von italienischen Architekten in exponierter Lage über Peshkopi gebaut worden, hatte im Kommunismus als Präsidentenvilla gedient, und es ist nicht unwahrscheinlich, das auch Ministerpräsident Enver Hoxha ein paar mal hier vorbeigeschaut und ebenfalls den Ostflügel bewohnt haben dürfte. Lange hatte das Gebäude leer gestanden, es schien ein wenig mitgenommen, die marmorierten Böden und die schweren, glatten Holztüren aber kannten kein Alter, nur das Fischgrätparkett war ein bisschen pflegebedürftig. Vor einigen Jahren war es gelungen, die Eigentumsverhältnisse zu klären, die Villa anzukaufen, ein paar alte Möbel zu besorgen und neue Stockbetten in die ehemaligen Gästezimmer zu stellen, fertig war das Peshkopi Backpackers. Dass es ein solches überhaupt gibt, ist ein kleines Wunder: Peshkopi liegt im äußersten Osten Albaniens am Korabi-Gebirge. Touristen verirren sich nur selten dorthin, zu beschwerlich ist die Fahrt durch die Berge, viel verlockender ist es, von Tirana aus nach Süden zu ziehen, an die Strände. Außerdem heißt es, Peshkopi habe keine Sehenswürdigkeiten zu bieten, von den Schwefelquellen einmal abgesehen. Ein Museum oder ein wichtiges Gebäude, irgendetwas, was man in Reiseführern hervorheben könnte und geeignet wäre, Touristen anzuziehen: Fehlanzeige. Ich möchte dem widersprechen, ohne jedoch in Frage zu stellen, was geschrieben steht: Es ist wahr, Peshkopi hat keine Sehenswürdigkeiten zu bieten. Peshkopi ist ein Marktflecken, der nur deshalb Verwaltungssitz wurde und regionale Bedeutung gewann, weil die kleine Stadt durch die Grenzziehung vom bedeutenderen Dibra abgeschnitten wurde. Heute ist das Verhältnis anders herum: Dibra ist zu einem vergessenen Kaff geworden und Peshkopi immerhin ein regionaler Bezugspunkt. Peshkopi ist nichts Besonderes, das aber ist das Besondere an Peshkopi. Peshkopi hat keine Sehenswürdigkeiten, Peshkopi ist selbst die Sehenswürdigkeit. Ich kann das begründen, aber ich muss ein bisschen ausholen.

Es gibt drei Peshkopis. Das erste Peshkopi erwacht mit den ersten Sonnenstrahlen, die kleine Stadt füllt sich, die Furgons aus den Dörfern bringen die Schulkinder, einige Alte kommen mit den Maultieren von den Bergen. Am Bazar ist die Hölle los, der Schuster hat zu tun und Linda haut im Minutentakt *Pilav* raus. Der Trubel lässt schon am frühen Nachmittag nach, die Furgons kehren um 14, spätestens um 15 Uhr in die Dörfer zurück, die Stadt bleibt mit sich alleine. Linda macht bereits um 17 Uhr das Restaurant zu, die meisten Läden schließen, lediglich die Kioske und

Lebensmittelläden haben bis Sonnenuntergang auf. Das zweite Peshkopi erwacht zum Leben. Die Bars am Boulevard bleiben länger offen, denn mit Sonnenuntergang setzt der *xhiro* ein, ganz Peshkopi streunt den Boulevard mindestens einmal auf und ab – man trifft Bekannte, Freunde und Nachbarn, tauscht Neuigkeiten aus, bahnt Geschäfte an oder läuft mit der unverheirateten Tochter Schau. Die jungen Männer sitzen in den Sportbars, einige wenige haben lediglich ein Glas Wasser vor sich, die meisten fasten nicht. Gegen neun ist alles vorbei, alles ist getan, man geht zu Bett und die Zeit des dritten Peshkopi bricht an, die Zeit der Hunde, der Käuzchen und der Zikaden: nachts verschwindet die Stadt vollständig, es gibt fast keine Straßenbeleuchtung, die Geräusche und Gerüche sind die des Landlebens, der Abgeschiedenheit und Einsamkeit. Früh morgens, wenn die Dämmerung und der Muezzin einsetzen, da ziehen mehr als ein dutzend Hähne mit. Mit der Morgenstunde wird zwischen den Bekenntnissen gewählt, zwischen dem Weg zur Arbeit oder dem zur Gebetsstunde, zwischen Café und Sportbar.

Eigentlich erschloss sich mir Peshkopi über Linda: Linda betreibt eine Garküche unterhalb des Boulevards. Wenn ab 17 Uhr der Rollladen unten ist, lässt nichts auf ein Restaurant schließen: Schilder benötigt niemand in Peshkopi, man weiß, wo die Dinge liegen. Bessi hatte mir Linda empfohlen, ihr Lokal als wahrhaft authentisch angepriesen. Nachdem ich an diesem Tag um 18 Uhr vor verschlossenen Türen gestanden hatte, hatte Bessi mir geheißen, mich anderntags früh morgens dort einzufinden, was ich dann auch tat. Um halb acht war ich zur Stelle, und siehe, das Lokal war voll: Die Schulkinder waren dort, die Bauern, die Furgonfahrer und die Händler. Sie nahmen ein frühes Mahl ein – noch bevor es ans Tagwerk ging, in die Schule, auf den Markt oder im Furgon nach Tirana. Linda servierte *Pilav* zum Frühstück, gedämpften Reis mit Brühe und Zwiebeln für 50 Lek, mit Fleisch zu 70 Lek. Die Schulkinder aus den Dörfern waren schon seit fünf oder sechs Uhr morgens unterwegs, die Bauern aus den hoch gelegenen Weilern waren noch früher aufgestanden, um das Maultier zu satteln und es hinunter in das Tal zu führen. Es gibt weiterhin genügend Leute, die zu Fuß oder auf Maultieren unterwegs sind, denn wer kaum Geld hat, für den ist fast jeder Preis zu hoch und der Furgon ein vermeidbarer Luxus. Das *Pilav* zum Frühstück aber, das bleibt erschwinglich. Morgens kocht Linda vor, bereitet das Fleisch und die Bohnen zu, sowie die säuerlich eingelegten kalten Kartoffeln, die Paprika, Peperoni und Auberginen. Serviert wird binnen Minuten nach Bestellung, ein Getränk zum Essen ist nicht unbedingt üblich – für Getränke, Kaffee und Bier sind die Bars zuständig, und Linda führt ein Restaurant. Ein Restaurant in diesem Teil der Welt ist jedoch nichts, wohin man ausgehen würde – man geht nicht essen, man geht stattdessen in die Bars am Boulevard, man geht vielleicht Pizza essen, wenn der Cousin aus Tirana vorbeischaut, aber nicht zu Linda – das Restaurant ist vielmehr eine Verpflegungsstation, eine Mensa, eine Volksküche und Kantine in einem. Spätestens um 17 Uhr, wenn Linda schließt, haben alle die Stadt wieder verlassen, sind zurück in den Dörfern, in Staravec, Rabdisht oder Shimçan – und Peshkopi ist selbst zum Dorf geworden. Allein die Stadtjugend verbleibt in den Bars und die Furgonfahrer witzeln, diese hätte wohl den Bus verpasst und müsste jetzt ausharren in der Stadt.

Peshkopi: Bessi zeigt dir noch am ersten Abend die Schwefelquellen, das Wasser ist heiß und es riecht streng, es ist Neumond und die Nacht ist sternenklar. Am nächsten Tag zieht ihr in die Berge, du konntest dich nicht durchsetzen mit deinem Ansinnen, der Sonne auszuweichen und nach einem Furgon zu schauen. Ihr wandert das Tal hinauf, die Steine gleißen, die blanken Felsen scheinen. Der Fluss führt kaum Wasser, das Tal ist ein Backofen, Bessi kennt eine eiskalte Quelle. Ein Bauer treibt zwei Maulesel hinab, die über und über mit Heu bepackt sind und von Ferne aussehen wie gehbehinderte, außerirdische Igel. Oben in Rabdisht beäugen dich die Kinder schüchtern aber neugierig, als euch der Ladenbesitzer auf einen Kaffee einlädt und du vor dem Laden Platz nimmst. Ein Mädchen läuft dir später nach, das frechste des ganzen Dorfes, die Freundinnen folgen in einigen Metern Abstand. Das Mädchen spricht dich schließlich an, will wissen, warum du diese ganzen alten Steine, die Wellblechdächer, ja sogar den wilden Müllhaufen an der Bachböschung fotografierst. Was das solle! Sie solltest du gefälligst fotografieren! Die anderen kommen dazu, es wird ein Gruppenfoto. Dann, dann erst, darfst du deiner Wege gehen, wieder hinunter nach Peshkopi. In Shimçan ist es eine ganze Familie, welche die Feldarbeit niederlegt, weil da ein Fremder rumrennt, den Blick über die Weiten des Diber-Tals schweifen lässt – ein Fremder, der sich nicht entblödet, nach dem Namen des Berges zu fragen, der drüben auf der anderen Seite, hinter weiten Feldern und Hügelketten am Horizont erscheint. Er hat keinen Namen dieser Berg, mag er noch so hoch sein, er gehört nicht zum Leben in Shimçan, wozu braucht der einen Namen? In Staravec wirst du von Martin mitgenommen, der gerade hinab fährt und sich als Kumpel von Bessi entpuppt. Es passiert dir in Peshkopi, dass der Besitzer des einzigen Buch- und Schreibwarenhandels von deiner Anwesenheit gehört hat und sich dringend und wiederholt zum Kaffee verabreden will. Um über Goethe zu sprechen. Über Beethoven und die Feinheiten deutscher Grammatik. Peshkopi: Wieder verlässt du Freunde, als du eines morgens deine Sachen gepackt hast, die Villa räumst und Richtung Bajram Curri aufbrichst.

Wege nach Thethi

Jahrhundertelang war ein Ziegensteig, der *shtegu i dhenve*, die kürzeste Verbindung zwischen Shkodra und Thethi und wurde selbst im Winter begangen. Das Dorf Thethi liegt abgeschieden und eingezwängt zwischen Zweitausendern im Norden Albaniens, in den albanischen Alpen bzw. inmitten der sogenannten verfluchten Berge. Während der italienischen Besatzung jedoch, um genau zu sein im Jahre 1936, kam es den neuen Machthabern in den Sinn, eine Straße nach Thethi zu bauen, einen Pass in den Stein zu schlagen und steile Kurven hinunter in das Tal zu legen. Heute ist diese Straße bis zum Buni-i-Thorës-Pass asphaltiert, nach der Passhöhe jedoch windet sich nurmehr eine Schotterpiste talabwärts. Zahlreiche Ölflecken auf dem Schotter, vereinzelte Plastikteile von Stoßstangen und Verblendungen, künden von jenen Touristen, die sich im Leihwagen auf den Weg nach Thethi gemacht haben, und, nachdem sie sich einmal die Straße hinabgestürzt hatten, auch nicht mehr umzudrehen wagten. Die Straße führt steil durch Waldland hinab und zieht sich endlos hin. Auf halber Höhe steht ein verlassenes Turizmi-Hotel, glotzt mit hohlen Augen in das Tal und wartet auf einen seriösen Investor. Es ist nicht vermessen zu behaupten, dass Edith Durham einst zu Pferde schneller im Tal gewesen sein muss, als die Mietwägen der Touristen es heute sind – wenngleich Durham

und ihre Begleiter einen anderen Weg, einen anderen Pass gewählt hatten und von Süden nach Thethi vorgestoßen waren.
Die Gegend um Thethi sei das wilde Herz eines wilden Landes, auf diese Formel bringt es Edith Durham in ihrem 1909 erschienenen Buch *High Albania*. Grausam sei das Tal und großzügig zugleich, ehrlich und treuherzig wie ein Kind und damit der Natur selbst anverwandt. Das Leben wäre unberührt von moderner Zivilisation und sowohl den Annehmlichkeiten als auch den Gemeinheiten abhold, die mit dieser einhergehen würden. Heute ist Thethi zwar erschlossen, es gibt Furgonverkehr von und nach Shkodra, es gibt Strom und zahlreiche Familien haben sich wieder angesiedelt, um zumindest während des Sommers vom einsetzenden Tourismus zu profitieren. Sonst aber scheint es, als sei die Zeit stehen geblieben – ja, als gäbe es gar keine Zeit außer jener der Jahreszeiten und der Arbeitszyklen. Man darf sich Thethi nicht als ein kompaktes Alpendorf vorstellen, Thethi besteht vielmehr aus verstreuten Häusern und Gehöften entlang des Flusses und wird von jäh aufsteigenden Bergen so eng umschlossen, dass man von einem Talkessel reden muss. Wer hier ankommt, wer seinen Wagen erfolgreich hinunter gesteuert hat, mit dem Furgon eingetroffen oder unter der Obhut einheimischer Bergführer eingelaufen ist, der gewinnt ganz unweigerlich den Eindruck, er sei am Ende der Welt angelangt.

Das stimmt natürlich nicht, denn hinter Thethi führt der Ziegensteig weiter, führt hinüber ins Valbona-Tal und weiter noch, nach Bajram Curri sowie in den Kosovo. Auch musste sich in den vergangenen Jahren viel verändern in Thethi, damit das Dorf sich heute überhaupt den Anschein geben kann, als hätte sich nichts geändert. Gäbe es den Tourismus nicht, das Tal wäre heute wahrscheinlich unbewohnt, die Familien sämtlich nach Shkodra verzogen, die Mühle würde stillstehen, die Scheunen und Wehrtürme verfallen. Deshalb muss man von Glück reden, dass die deutsche Gesellschaft für technische Zusammenarbeit von 2005 an über Jahre hinweg ein Projekt finanziert hat, in dessen Rahmen nicht nur Wege markiert und Karten herausgegeben, sondern auch die Familien des Tals eingebunden wurden: Kleinkredite wurden vergeben, Häuser zu Pensionen ausgebaut und eine minimale Infrastruktur geschaffen. Diese Anstrengungen waren ein unmittelbarer Erfolg – wenngleich es heißt, dass von den zwei Millionen Euro Budget 1,9 Millionen für Reisekosten draufgegangen seien. Jedenfalls stiegen schon im Jahre 2007 die Besucherzahlen rasant an und heute gehört Thethi gewissermaßen zum Pflichtprogramm aller Albanienreisenden: Dem Tourismus wurde eine Schneise in die Berge geschlagen und die Menschen konnten so im Tal gehalten werden, ebenso wie die Grundschule, die Bar und der kleine Laden. Nach vier Schuljahren jedoch müssen sich die Kinder des Tals noch immer entscheiden: ob sie gehen wollen, zum Onkel, zum Cousin in die ferne Stadt und eine weiterführende

Schule besuchen. Oder ob sie bleiben wollen, im Land der Kindheit, mit den Ziegen, den Schafen, der Kuh und den Touristen.

Ich war 2016 nach Thethi gekommen, nicht über die Straße, sondern auf dem Fußweg, aus dem Valbona-Tal über den Ziegensteig. In Valbona hatte ich ein paar Tage verbracht und war mit einem Hirten und dessen Ziegenherde hinauf gestiegen auf die Sommerweiden. Der Hirte hatte genau den gleichen Weg genommen wie die Ziegen auch, war in ausgelatschten Turnschuhen quer über Felsen und Steine gestiegen, so dass es eine Lehrstunde für mich wurde. Früh morgens hatte ich mich aufgemacht, um hinüber zu gehen nach Thethi. Der Weg geht erst über die weiß strahlenden Kiesel des trockenen Flussbetts, passiert ein neuerbautes Hotel und wird hinter den Gehöften und Schuppen von Rrogam zum Saumpfad, der bis auf 1800 Meter steil ansteigt, bevor er flacher, jedoch langwieriger in das Tal von Thethi hinunter führt. Vor mir zog ein schwer bepacktes Maultier samt Führer bergan, unschwer war zu erkennen, dass es die Rucksäcke von drei oder vier Touristen beförderte, die es vorgezogen hatten, ohne Gepäck zu gehen, oder sich diese Dienstleistung aufschwatzen ließen. Vielleicht einen Kilometer lang hielt ich Schritt und ließ das Maultier nicht aus den Augen, dann aber musste ich einsehen, dass ich die Geschwindigkeit nicht halten konnte. Der Aufstieg stellte trotz der Sonne kein Problem dar, die Aussicht auf die Bergzüge reihum und in das Valbona-Tal waren spektakulär und ließen keine Müdigkeit aufkommen. Zudem waren über den Sommer zwei Albaner hinaufgezogen, um kurz vor den Steilhängen eine kleine Bar zu improvisieren, Kaffee und kühles Bier aus einem Verschlag heraus anzubieten und den Müll zur anderen Seite hinunterzuwerfen – ein gutes Geschäft, jetzt, wo fast täglich mit vorbeiziehenden Touristen zu rechnen sei.

– Ob es denn viele Touristen seien, die mittlerweile den Saumpfad gingen?

– Oh, ja. Jedes Jahr würden es mehr. Heute seien außer mir schon drei Touristen eingekehrt, das sei jetzt vielleicht zwei Stunden her.

– Ob das die gewesen seien, deren Maultier ich hinterher gestiegen sei?

– Genau, das seien die ohne Gepäck gewesen!

– Wie das denn ginge, mit der Bar, wie sie denn den Nachschub organisieren würden?

– Zwei oder dreimal pro Woche müsse einer hinunter ins Dorf, um mit dem Maultier Nachschub zu holen. Erst im Herbst würden sie in ihr Dorf zurückkehren und bis dahin dort oben campieren.

Kurz vor dem Kamm kamen mir auf einem Steilstück doch noch zwei Wanderer entgegen, ansonsten aber würde mir bis Thethi niemand mehr begegnen – sieht man einmal vom Maultier und dessen Führer ab, die ihre Fracht abgeladen hatten und auf dem Rückweg waren. Der Abstieg zog sich in die Länge und war ermüdend, zumal man bald aus dem Schatten der Buchenwälder hinaus trat, um in der unerbittlichen Sonne in einem weiten Bogen über Wiesen und steinige Partien hinunter zu steigen. Immer wenn die Müdigkeit einsetzt, geht auch der Blick für die Landschaft verloren, die Schönheiten links und rechts berühren einen nicht mehr, nur das Fortkommen zählt. Irgendwann kommt dann der Hunger dazu, der Durst, und das Bedürfnis, die Wanderschuhe auszuziehen und die Füße auszuruhen, nimmt überhand. Daher unterließ ich es, dem Tal weiter bis zur Kirche zu folgen und steuerte stattdessen die nächstbeste Pension an bzw. folgte einem Hinweisschild. Das sollte man jedoch nicht tun. Die nächstbeste Unterkunft, das ist immer diejenige, die jeder findet, die alle ansteuern, die ausgepumpt sind und nicht weiter wollen. In der nächstbesten Unterkunft weiß man das natürlich und man ist darauf eingerichtet.

– Ob noch etwas frei sei?

– Für eine Person? ...setz Dich erst mal hin.

Nach einer guten halben Stunde des Wartens, die mich vollends mürbe gemacht hätte, wenn ich es nicht schon zuvor gewesen wäre, erschien die Hausherrin, um mich in ein Nebengelass zu führen und ihre Zimmer anzupreisen. Die Zimmer waren makellos renoviert und hätten jeder österreichischen Pension alle Ehre gemacht. Pflichtgemäß bestaunte und bewunderte ich alles, um dann aber doch nach dem Preis zu fragen, der zu meiner Überraschung nicht in Landeswährung angegeben wurde.

– Fünfundzwanzig Euro. Abendessen sieben, Frühstück fünf.
Wer Albanien kennt, der weiß, dass diese Preise einem Vier-Sterne-Hotel am Meer gut anstünden, nicht aber einer Pension im letzten Winkel Nordalbaniens und sei sie noch so gut ausgestattet. Ich meldete Protest an und berichtete, dass ich im Valbona-Tal für keine zehn Euro untergekommen sei – inklusive Frühstück! Madam hob erst die Augenbrauen und dann die Bettdecken an:
– Ob die im Valbona-Tal denn Federbetten und Leinen hätten?
– Oh nein, das haben sie nicht.
Madam verwies auf die großzügige Dusche:
– Ob die im Valbona-Tal denn ebenerdige, gekachelte Duschen hätten?
– Oh nein, haben sie nicht. (In Valbona hatte ich das Duschen übersprungen.)
Madam verwies auf die Heizkörper:
– Ob die in Valbona denn Heizungen für die kalten Nächte hätten?
Nein, auch das nicht! Ist ja gut jetzt, ich sehe alles ein und ich sehe selbst, dass die Einnahmen des letzten Jahrzehnts zum Gutteil in die Ausstattung geflossen sind. Madam verstand noch die letzte Verästelung meiner Einsicht und verfügte:
– Du bekommst das Zimmer für zwanzig und das Abendessen obendrauf!

Madam und ihre Tochter, welche die Pension bewirtschafteten, waren kaum des Englischen mächtig und beschäftigten daher tagsüber einen jungen Mann, ja einen Jugendlichen, der die Kommunikation mit den Gästen übernahm und sogar ein wenig Deutsch sprach.
– Zehn Monate sei er in Berlin gewesen.
– In Berlin! ...was er dort gemacht habe?
– Nichts!
Im Urlaub seien sie gewesen, in Griechenland, im August. Und auf einmal seien alle nach Deutschland gegangen... Da seien sie eben mitgegangen, er und sein Vater. Über Mazedonien, Serbien und Ungarn. Erst waren sie in Spandau, dann wurden sie in Lichtenberg einquartiert. Langweilig sei es gewesen, nichts zu tun hätten sie gehabt. Ein bisschen Deutsch habe er gelernt und sich ein neues Mobiltelefon kaufen können. Also kein nagelneues, aber eben ein neues Modell.
– Da, schau!

In der selben Pension war ein deutsch-französisches Pärchen mit zwei kleinen Kindern mehr oder weniger gestrandet. Sie hatten sich durch einen Zeitungsartikel anlocken lassen, in dem vom letzten unberührten Winkel Europas die Rede gewesen war, von ungezähmter Natur und von bäuerlicher Abgeschiedenheit. Sie waren nach Podgorica geflogen, um mit dem Mietwagen zielstrebig Thethi anzusteuern. Dort fanden sie sich in bäuerlicher Abgeschiedenheit wieder, umgeben von ungezähmter Natur, und mussten feststellen, dass sie mit beidem herzlich wenig anfangen konnten, nicht mit zwei kleinen Kindern im Schlepptau, denen schon der Gang ins Dorf zuviel war. Auch hatten sie gedacht, man könne Thethi als Ausgangspunkt nutzen, um die anliegenden Täler zu besuchen. Thethi aber ist eine Endstation und weiter führt kein Weg mehr, jedenfalls kein asphaltierter. Das Auto hatten sie mit Müh und Not nach Thethi hinuntergebracht, nicht ohne ein- oder zweimal kurz aufzusetzen, seitdem aber stehen gelassen. Und nun, eine Woche später, wurde überlegt, wie man es wieder hinauf schaffen könnte auf die Passhöhe. Die Lösung bestand darin, dass die Frau und die Kinder den Furgon nehmen würden, während der Mann im Kleinwagen das Gepäck zuvor hinauf befördern würde, um dort auf die Restfamilie zu warten. Dergestalt wäre der Wagen leicht genug, um auf der Schotterpiste bergan nicht hängen zu bleiben.

2008 bin ich von Naraç aus mit Alfons zum ersten Mal in die nördlichen Berge, die albanischen Alpen gegangen, wobei wir beide keinen Plan hatten, was uns jenseits der Staustufe von Komand erwarten würde. Ich erinnere mich, dass wir in Laç noch allerhand Süßigkeiten eingekauft hatten, so als würden wir Gefahr laufen, von hungrigen Schulkindern umzingelt zu werden, kaum dass wir ins Valbona-Tal vorstießen. Viel zu lange saßen wir beim Kaffee in Laç und fanden doch nur heraus, dass es keinen Furgon mehr nach Komand gäbe und die Fähre zudem früh morgens ablegen würde, wir also viel zu spät dran seien.

Trotzdem machten wir uns auf den Weg, ließen uns ein Stück weit von Bekannten mitnehmen, um jenseits aller Vernunft die staubige Straße in die Berge hinein einfach solange weiterzulaufen, bis tatsächlich ein Lieferwagen anhielt und der Fahrer sich erbot, uns bis Komand mitzunehmen. Vor allem auf den Nebenstrecken Albaniens halten bis heute die Automobilisten an, um Fußgänger und Schulheimkehrer mitzunehmen, auch ohne, dass diese zuvor den Daumen ausgestreckt hätten.
Bei Laç-Vau-i-Dejës ist der Drin zum ersten Mal gestaut, bei Komand riegelt eine zweite hohe Sperre das Tal an der engsten Stelle ab und verleiht diesem einen unheimlichen Charakter. Als wir in Komand ankamen, dunkelte es bereits und die Hunde schlugen an. Das größere Gebäude, welches wir in der Ferne ausgemacht hatten, war tatsächlich ein Hotel und nach langem Anklopfen wurde uns geöffnet. Zwischen dem Betreiber und Alfons entspann sich ein Disput, weil Alfons, genauso wie ich Jahre später in Thethi, den Preis nicht einsehen wollte und 1000 Lek für zuviel befand. Dies sei nun mal der Preis und an diesem nicht zu rütteln, wurde ihm entgegnet: Wenn uns dies gefiele, dann könnten wir ja bleiben, und wenn nicht, dann müssten wir halt gehen. Aber wir sollten uns doch erst mal setzten, es gäbe Tee und Raki. Dem weiteren schnellen Schlagabtausch konnte ich nicht folgen, doch der Hotelbetreiber schien mir der unverhofften Gesellschaft nicht abgeneigt. Auf einmal jedoch setzte Ruhe ein, sowohl Alfons als auch der Betreiber schienen es zufrieden.

– Was geschehen sei, wollte ich wissen?
– Nun, sagte Alfons, sie wären ihre Familien durchgegangen und es hätte sich herausgestellt, dass es gemeinsame Verwandte gäbe. Entfernte zwar, doch verwandt sei verwandt und damit seien wir selbstverständlich eingeladen, umsonst zu verweilen! Denn innerhalb der Familie, innerhalb des *fis*, habe der Preis keine Geltung mehr. Was wiederum aber nicht bedeuten solle, dass wir anderntags nicht doch ein wenig Geld dalassen würden.

Im frühen Morgengrauen stiegen wir hinauf und durch einen Tunnel hindurch auf die andere Seite der Talsperre. Dort lag schon die altersschwache Fähre, wurde mit Fahrzeugen und Gütern beladen bis nichts, aber auch gar nichts mehr Platz fand. Es war ein nebliger, verhangener Tag und man hätte glauben können, wir schipperten durch norwegische Fjordlandschaften, wären da nicht jeweils weiß getünchte Bauernhäuser, geflochtene Zäune und Heuhaufen aus dem Nebel aufgetaucht, sobald die Bergflanken und Felsen zurücktraten und die Topografie eine Ansiedlung erlaubte. An keinem dieser Weiler hielten wir an, obschon mancher einen Steg hatte, über eine Anlegestelle verfügte. Erst in Fierze machte die Fähre halt, am späten Vormittag waren wir bereits im nahen Bajram Curri, hatten Glück und fanden den nachmittäglichen Furgon, der uns mitsamt den Schulkindern in das Valbona-Tal brachte. Inzwischen ist die Straße in das Dorf Valbona ausgebaut worden, damals aber verliefen große Strecken noch im weiten

Flussbett, über Kiesel und Steine hinweg. Damals hieß es auch noch, der Saumpfad hinüber nach Thethi könne nicht ohne Führer gegangen werden, es sei zu gefährlich, man würde sich leicht verlaufen. Deshalb zogen wir den Gang nach Thethi noch nicht einmal in Erwägung und kehrten einige Tage später auf dem gleichen Weg zurück, auf dem wir gekommen waren. Ich war mir damals jedoch sicher, dass ich das nachholen würde, eines Tages, irgendwann. Heute gilt beides, die Fahrt mit der Fähre von Komand nach Fierze und der Gang von Valbona nach Thethi als eine der touristischen Attraktionen des albanischen Nordens schlechthin. Der Ziegensteig ist zudem unlängst zu einem Teil der Weitwanderstrecke *Peaks of the Balkans* geworden, so dass der eigentliche Ansturm auf die gesamte Region erst noch bevorsteht.

Auf dem Weg zurück, noch in Bajram Curri, befreundete sich Alfons mit einer jungen Engländerin, die ebenso wie wir im Morgengrauen ausharrte, um den ersten Furgon zu nehmen und rechtzeitig an der Fähre zu sein. Das heißt, er sprach sie an und nahm sie in der Folge in seine Obhut. Auf der Fähre wuchs unsere Reisegesellschaft weiter an, indem Alfons die Bekanntschaft eines älteren französischen Pärchens machte, das sich von Albanien begeistert zeigte und nicht zum ersten Mal dort war. Sowohl die Engländerin als auch die Franzosen waren ohne Fahrzeug unterwegs und ohne feste Pläne, so dass Alfons – gewissermaßen um den Eindruck von Albanien und den Albanern zu untermauern – beide Parteien einlud, mit uns nach Naraç zu kommen und dort zu Mittag zu essen. Nicht nur, dass wir uns damit kleinere logistische Probleme einhandelten, denn es war durchaus unklar, wie wir nach Naraç kommen würden. Überdies stellte Alfons insbesondere seine Mutter vor vollendete Tatsachen, indem er ihr eine SMS sandte, die unser Kommen ankündigte. Dikes Mobilfunkgerät muss irgendwo im Haus gelegen haben, während sie auf dem Feld oder bei den Hühnern war, daher blieb die SMS lange unbeachtet. Von Komand nach Laç kamen wir ohne Probleme, doch in Laç ging es mangels Transportmöglichkeiten erst einmal nicht weiter – zum Glück muss man sagen, denn die Verzögerung versetzte Dike in die Lage, das Notwendigste vorzubereiten, den Tisch und den Gastraum herzurichten und das Hühnchen anzusetzen. Als unser Trupp in Naraç ankam, war Dike bemüht, sich die helle Aufregung nicht anmerken zu lassen und die hohen Gäste gebührend zu begrüßen. Dike hatte sich seit meinem letzten Aufenthalt ein sehr passables Englisch angeeignet, wann und wie genau würde ihr Geheimnis bleiben, doch färbte ihre Verständigungsfähigkeit auf ihren Ehemann ab: Gjin war die Ruhe selbst, spielte souverän den Hausvorstand und machte Scherze über französische Fußballspieler bzw. deren Unvermögen. (Frankreich war während der EM über die Vorrunde nicht hinausgekommen, hatte 1:4 gegen die Niederlande verloren und 0:2 gegen Italien und war schließlich Gruppenletzter geworden.) Als Gjin jedoch gewahr wurde, dass sein Gegenüber bei Fußball keinen Spaß verstand, ging er zu Witzen über französische Autos über und imitierte den Anlasser eines Peugeots:

– *SisisisisisisisisisiNON!*

Den Witz hatte er von mir und ich wiederum vom Ostfriesen Otto und Gjin blickte mich schelmisch aus den Augenwinkeln an. Die Begeisterung, mit der das französische Pärchen die ihnen angediehene Gastfreundschaft hingenommen hatte, wurde mit jedem Witz ein wenig gedämpfter. Genau dies schien Gjins Ziel zu sein, er wollte nicht das leiseste Risiko eingehen, dass sich die Gäste zu wohl fühlten und über das Mittagessen hinaus noch blieben. Die Großmutter, Gjins Mutter, lag nebenan im

Krankenbett und für den Abend hatte sich Familienbesuch angekündigt – da war jeder weitere Besuch einer zu viel und Alfons würde schon noch zu hören bekommen, was er da angestellt hatte. Gjin, der selbst kein Auto, sondern nur ein Mofa besaß, hatte begonnen, die deutsche Automobilindustrie und den FC Bayern zu loben. Ich sah, dass Gjin die Uhr im Blick behielt und ich wusste, dass er an den letzten Furgon nach Shkodra dachte. Gjins Einwürfe aber taten ihre Wirkung und unterminierten die Lobeshymnen, welche die Franzosen auf Albanien gerne angestimmt und darüber die Zeit vergessen hätten. Ganz von alleine erkundigten sie sich schließlich, wie und wann sie denn weiterkämen, die Engländerin schloss sich automatisch an, und Gjin griff sofort zum Mobiltelefon, rief den Furgonfahrer an und arrangierte den Abtransport. Ribery und Sagnol, sagte Gjin zum Abschied, die seien doch erst beim FC Bayern so richtig aufgeblüht.

Alfons Onkel war der erste, der abends erschien. Er fuhr ein neues, großes Auto, trug ein schickes Hemd und hatte sich den Nagel des linken kleinen Fingers lang wachsen lassen, auf dass jeder sehen könne, dass er keiner körperlichen Arbeit nachging. Nach und nach versammelte sich die weitverzweigte Familie Shtjefni, das Haus füllte sich, die Tür zum Krankenzimmer der Großmutter wurde geöffnet und grüppchenweise in das Zimmer eingetreten. Alfons steckte mir ein paar Lekscheine zu und ließ mich wissen, dass das üblich sei: kein offizieller Krankenbesuch ohne Bargeld!

Ich solle es der Großmutter in die Hand stecken, sobald ich an der Reihe sei und an ihrem Bett stünde. Es war seltsam still im Haus, trotz der großen Anzahl an Menschen war die Stimmung gedämpft, die Stimmen leise. Da wurde mir klar, dass es sich mitnichten um einen Krankenbesuch handelte, es war ein Besuch am Sterbebett: Ein jedes Familienmitglied sah der Großmutter zum letzten Mal ins Auge, fasste ihre Hand oder strich über ihre Wange. Und die Großmutter sah einen jeden zum letzten Mal, gab den Enkelinnen ein paar Sätze mit auf den Weg, schwieg den Onkel an und lächelte den jungen Männern zu. Es gab keine Ordnung, es gab keine Hierarchie, jeder ging zu ihrem Bett, wie es sich ergab, manche in Grüppchen, manche alleine, so auch ich. Die Vorhänge waren geschlossen, das Licht gedämpft. Sie saß halb aufrecht im großen Bett, hatte das Haar bedeckt und trug die traditionelle Haube, trug die schmucke Trachtenbluse. Die eine Hand war zur losen Faust geschlossen und hielt einige Geldscheine, mit der anderen griff sie die meine. Ich sagte ihr auf Deutsch, wie sehr ich mich freuen würde, sie noch einmal zu sehen. Sie sprach einen leisen Satz auf Albanisch, dann wandte ich mich ab. Was sie gesagt hätte, wollte ich später von Alfons wissen. Sie hatte gesagt:
– Du bist ja auch noch da!

Anderntags nahm der Onkel, Dikes Bruder, mich und Alfons mit in die Mirdita. Zwar arbeitete er in Griechenland und hatte es dort zu etwas gebracht – zu was genau, das hab ich nie erfahren, darüber herrschte Stillschweigen. Aber das Stammhaus der Familie, das Haus, in dem Dike aufgewachsen war, lag im hügeligen Hinterland der Zadrima-Ebene, dort, wo die Mirdita beginnt. Über den langen Nagel am kleinen Finger des Onkels ließe sich streiten, war dieser doch eine klare Provokation für die Bauern der Shtjefni-Sippe, nicht jedoch über das fette SUV, diese Geländelimousine, die der Onkel fuhr. Wer zwischen Athen und der Mirdita pendelt, der braucht nun wirklich genau ein solches Fahrzeug. Die Mirdita gilt als derjenige Landstrich Albaniens, der seit jeher außerhalb der Reichweite und Gerichtsbarkeit jedweder Regierung lag, als das Land der Clans und der Familienstrukturen. Staaten, Nationen und Staatswesen, Imperien, Regierungswechsel, Steuererhebungen und Landvermessungen – all dies habe fern der Mirdita stattgefunden und wenig Bezug zu ihr gehabt. Ganz so stimmt das jedoch nicht, zumindest der Kommunismus hatte große Teile der Mirdita fest im Griff. Die zerfurchten Erosionstäler sind reich an Bodenschätzen, insbesondere an Kupfer, welches es sich zu den Zeiten der Volksrepublik Albanien noch abzubauen lohnte, und die Bergwerke von Spaç ganz im Norden der Mirdita gelten als eines der schlimmsten Arbeitslager der kommunistischen Zeit. Gleichzeitig blieb die Mirdita jedoch das Kernland des Kanuns, des Gewohnheitsrechts der Berge, dessen berühmteste Aufzeichnung das *Lek Dukagjini* ist. Ein beredtes Zeugnis dieser Abgewandtheit von jeglicher Obrigkeit sind die Straßen, denn es gibt sie nicht. Was es gibt, das sind Feldwege, Pisten und trockene Flusstäler. Was es gibt, das ist das, was die Menschen hier selber gebaut haben. Was niemand gebaut hat, das gibt es auch nicht: keine Mobilfunkfirma hat eine Antenne aufgestellt, keine NGO einen Brunnen gebohrt oder eine Brücke gelegt, kein Straßenbauunternehmen eine Piste asphaltiert, niemand ein Verkehrszeichen aufgestellt.

Das Haus des Onkels: Ein länglicher Steinbau, verbunden mit der *Kulla*, dem Wehrturm, ein Nebengebäude, ein Waschhaus, ein Brunnen, ein Hühnerstall und mehrere Schuppen innerhalb einer Einfriedung, inmitten des kleinen Tals und inmitten der kahlen, wasserarmen Hügel. Dort also war Dike aufgewachsen, von dort war sie tagtäglich kilometerweit zur Volksschule gelaufen. Dikes Eltern lebten beide noch, sie bewohnten die *Kulla*, ließen sich aber auch dann nicht blicken, als wir zum Abendessen gerufen wurden. Nur wir drei Männer saßen am Tisch, des Onkels Frau stand in der Küche, die beiden Töchter trugen auf und verschwanden sofort. Alfons und der Onkel führten ein Männergespräch, in dem der Onkel den Ton angab und Alfons klein bei. Ich saß stumm und hatte nichts zu sagen. Die Mädchen trugen die Teller ab, keine von beiden habe ich anderntags wiedergesehen und auch die Bekanntschaft mit der Dame des Hauses nie gemacht. Alfons und ich standen draußen, rauchten noch eine Zigarette, bevor es in das Nebengebäude und zu Bett ging. Wir blickten in die violette, sternenklare Nacht, die Luft war unbewegt, die

leichte Kühle und die Klarheit kündeten vom Hochland. Es war sterbens still. Alfons sagte:
– Jorgo, trau keinem Albaner! Aber lass sie das nicht merken.

Wieder hatte ich mein Zeitempfinden verloren, ich weiß weder, wann wir zu Bett gegangen waren, noch wann wir geweckt wurden. Es muss sehr früh gewesen sein, als auf einmal Alfons Großvater in unserem Zimmer stand und befand, dass es nun Zeit sei aufzustehen. Denn wir hätten zu reden. Der Großvater war ein hagerer Mann, gealtert, aber nicht wirklich alt, Schnurrbart- und Anzugträger. Hinter ihm stand seine Frau im Türrahmen und kicherte – wohl aufgrund meiner und Alfons' Schlaftrunkenheit. Sie trug die Tracht des Hochlandes, das Kopftuch schwarz, die Bluse und den Rock weiß, das Rocktuch wieder schwarz, den bestickten Stoffgürtel rot. Sie wandte sich ab, um wenig später mit Kaffee wiederzukommen, dann mit Omelette und Käse, mit Tomaten und Zwiebeln, um all das vor uns auf den Teppich zu stellen, auf dem sich Alfons' Großvater – die beiden Sofas und die weiteren Sitzgelegenheiten ignorierend – mit uns im Schneidersitz niedergelassen hatte. Es begann eine denkwürdige Unterredung.
– Er hätte gehört, dass ich mich für Albanien interessiere.
Ich bejahte.
– Ihm wäre ferner zu Ohren gekommen, dass ich mich für den *Kanun* interessieren würde.
Auch das!

– Nun, …

Es mag sein, dass ich in den folgenden zwei Stunden die eine oder andere Frage gestellt habe. Meist werden es wohl Verständnisfragen gewesen sein, Wiederholungen des Gesagten, um sicher zu gehen, dass ich Alfons' Übersetzungen auch verstanden hatte. Im Großen und Ganzen aber blieb ich still und habe mit viel Glück vielleicht ein Zehntel dessen begriffen, was der alte Mann vor mir ausbreitete: seine Welt. Alles was ich weiß ist, dass es mir vollkommen schlüssig vorkam, in sich geschlossen und verständlich, ja logisch: Dass die Frauen von der Milch kämen, die Männer jedoch vom Blut. Dass es die Milch wäre, die uns nährte, aber das Blut dasjenige, was uns verbände. Jemand, der getötet habe, der dürfe getötet werden. Dies sei die Blutschuld. Aber jenem stünde ein voller Tag zu, sich zu verbergen. Jedoch seien alle weiteren männlichen Mitglieder der Familie ebenfalls geeignet, die Blutschuld durch ihren Tod aufzuwiegen. Dies aber beträfe ausschließlich die Männer, die Frauen wären nicht von der Blutschuld betroffen, denn diese seien ja von der Milch. Und daher auch geeignet, sich schützend vor ihre Männer zu stellen. Unmöglich sei es, einen Mann vor den Augen seiner Frau zu töten, undenkbar eine Frau ums Leben zu bringen. Es sei denn, sie sei der Untreue verdächtig. Dann aber müsse sie auf frischer Tat ertappt werden. Die entsprechende Regel sei, dass sie und ihr Liebhaber gleichzeitig durch eine einzige Kugel getötet werden. Dadurch sei der Beweis und zugleich die Sühne erbracht. Solcherlei sei das Gesetz der Berge. Eines müsse ich mir klarmachen, das Gesetz der Berge sei geschaffen, entsprechende Vorfälle zu vermeiden, im Vorfeld die Vergeltung schon zu regeln, so dass niemand auf die Idee käme, überhaupt eine Übertretung zu wagen. Außerdem würden die Ausländer zuviel Gewicht legen auf die Stellung von Mann und Frau, auf die Frage der Blutschuld, und vernachlässigen, dass alle anderen Aspekte des bäuerlichen Lebens durch das überlieferte Gesetz ebenfalls geregelt seien: Land-, Wasserverteilungs- und Weidefragen bis dahin, wie mit wandernden Bienenvölkern umzugehen sei. Alles Überlebensfragen. Nein, während des Kommunismus sei das Gesetz nicht außer Kraft gewesen, es habe nur geschlafen. Anfang der neunziger Jahre sei der *Kanun* aufgewacht und er selbst sei in das neu geformte Ältestengericht berufen worden. Der Staat sei schwach und schwächer geworden und das alte Recht habe sich gegenüber dem neuen durchgesetzt. Und jetzt sei da ein tiefer, reißender Fluss zwischen dem Gesetz des Staates und dem Gesetz der Berge. Das Gesetz der Berge sei das einzige Gesetz, das von den Menschen, die es beträfe, selbst gemacht geworden wäre. Alle anderen Gesetzlegungen seien verfügt worden, von Obrigkeiten über Untertanen. Alle anderen Gesetze dienten lediglich dazu, eine Minderheit gegenüber einer Mehrheit besser zu stellen. Nicht so das Gesetz der Berge. Dieses regele lediglich das friedliche Zusammenleben der freien Stämme der Mirdita. Dies sei alles was er zu sagen hätte, die Unterredung sei nun beendet:

– Ich sei doch Deutscher.
– Ja, klar.
– Ob ich schon mal geschossen habe?
– Nur mit einem Luftgewehr.
– Dann sei es aber an der Zeit.

Ich kann es nicht begründen, aber auch das leuchtete mir unmittelbar ein. Der Alte holte seine Kalaschnikow, gab uns Munition mit, ein volles Magazin, und schickte uns in die Berge. Mir müssten nur weit genug hinauf gehen und auf die Felsen schießen, dies würde die Wölfe für Tage oder gar Wochen vertreiben. Wir taten, wie uns geheißen wurde, stiegen hinauf, schossen auf die Felsen, und stiegen anschließend wieder hinunter. Der Weg hinunter mit dem warmen Gewehr über der Schulter war anders als der Weg hinauf mit dem kalten – ich begann zu begreifen, was Waffen mit Menschen machen, wie Menschen sich fühlen, wenn sie eine Waffe tragen. Eine Kalaschnikow ist eine halbautomatische Waffe, unverwüstlich, jedoch relativ zielungenau. Vor dem ersten Schuss hatte mich eine diffuse Angst befallen, schon beim dritten fiel sie von mir ab, ich hatte mich an den Lärm und den Rückstoß der Waffe gewöhnt und auf Automatik umgeschaltet: Am gegenüberliegenden Berghang zersprangen die Felsen, das Gestein zerbarst genauso wie es einige Mitglieder meiner Familie mütterlicherseits einst in Russland zerrissen hatte. Es war kaum Mittag, als wir im Tal zurück waren, die Sonne stand im Zenit, und der Onkel drängte zum Aufbruch. Alfons Großvater bestand darauf, dass wir noch Fotos machen würden, mit ihm, seiner Frau und der Kalaschnikow. Des Gewehrs würde er sich anschließend selber annehmen, das würde er für mich reinigen.

Wir fuhren zurück in die Ebene und lieferten Alfons in Naraç ab. Ich verabschiedete mich, da ich am folgenden Tag von Tirana aus ausfliegen und der Onkel mich bis nach Shkodra mitnehmen würde, so dass ich von dort den frühen Bus nehmen könne. Nach der Großmutter sah ich nicht mehr, dies schien mir unangebracht.

Ich kam an jenem Abend in Shkodra an, als in der Kathedrale Shen Francesku ein Gastspiel des Dortmunder Kirchenchors Collegium Vocale stattfand, dem nachgesagt wird, die zweite Intifada losgetreten zu haben, und der deshalb überregional als Collegium Mortale bekannt wurde. Zufall oder nicht, jedenfalls war der palästinensische Aufstand just an jenem Abend losgebrochen, als das Collegium in Jerusalem gastierte. Von der Wucht, welche die Auftritte des Collegiums entfesselten, hatte man in Shkodra erst gehört, nachdem die Einladung schon ausgesprochen war. In Dortmund war einmal während einer Probe der Putz von der Decke heruntergekommen: Groß war daher die Sorge um die gerade frisch renovierte Kathedrale von Shkodra. Der Bürgermeister von Shkodra hatte sich deshalb im Vorfeld sowohl mit dem katholischen Bischof als auch mit den Oberhäuptern der muslimischen Gemeinden beraten. Es soll ein *Bektaschi*, ein Derwisch gewesen sein, der schließlich die zündende Idee gehabt habe: Die Kathedrale ist riesig und fasst über tausend Zuhörer. Man kam überein, dass die Kathedrale zum fraglichen Zeitpunkt voll zu sein hatte, denn allein einer entsprechend großen Ansammlung von Menschen könnte es gelingen, den Schall einzudämmen und die Wirkung zu mildern. Der Eintritt wurde freigegeben, Schulklassen und ganze Gemeinden, muslimische wie christliche, wurden zum Besuch verpflichtet, und allen zu verstehen gegeben, dass eine entsprechende Geräuschkulisse den ebenso bekannten wie mausetoten Herrn Haydn, dessen Oratorium aufgeführt werden würde, nicht stören könne. Es sei ja keine Andacht, sondern eine Feier der Lebenden, und da dürfe es lebendig zugehen. So kam es, dass das Dortmunder Collegium in Shkodra zu seiner Überraschung ein volles Haus vorfand und ebenso davon überrascht wurde, dass das einsetzende Schöpfungs-Oratorium kein andächtiges Schweigen hervorrief, sondern durch eine Vielzahl katholischer, evangelischer und muslimischer Stimmen in seiner Wirkmächtigkeit gebannt wurde. Der Abend verlief glimpflich, die Kathedrale nahm keinen Schaden – nur auf dem nahegelegenen Bulevardi Skënderbeu soll es jedoch während der Aufführung zu einem Auffahrunfall gekommen sein, zu einem anschließenden tödlichen Schusswechsel, welcher wiederum zu einem Aufflammen der Blutrache in den Stammesgebieten der Mirdita geführt haben soll.

In derselben Nacht verstarb Alfons Großmutter, sie schlief ein und wachte nicht mehr auf. Ich saß im Bus nach Tirana, als mich die Nachricht erreichte. Dass ich den Flug nicht verfallen ließ, um an der Beerdigung teilzunehmen, das bereue ich noch heute. Und ich weiß, das Gjin, als er von meinem Entschluss erfahren hatte, zu Alfons gesagt hat:

– Wahre Brüder teilen das Gute und alles Schlechte.

Ich weiß, dass Gjin Recht hat.

Jahre später, an der südlichen Küste, in Vlora. Andrian hatte ich im Vorjahr in Tirana kennengelernt. Nur einmal würde er mir das sagen, hatte er zu mir gesagt, aber er habe ein Apartment in Vlora, das sich wunderbar zum Schreiben eignen würde. Ich solle mich melden, sobald ich es bräuchte. Ich hatte mich gemeldet, vorsichtig nachgefragt und Bescheid gegeben, dass ich nach Albanien zurückkehren würde, und gefragt, ob die Wohnung eventuell frei sei – so für eine Woche zwischendrin, das wäre wunderbar. Andrians Antwort war knapp ausgefallen: Wann ich ankäme? Er würde mich abholen und nach Vlora fahren. Gesagt, getan: Andrian holte mich in Rinas ab, wir fuhren nach Süden in die Bucht von Vlora, und besuchten zunächst Baçi, den Fischer. Andrian kaufte eine Unmenge Thunfisch, um sie im Kühlbehälter zurück nach Tirana zu transportieren. Baçi bat uns zu Tisch und gab uns wilde Austern zu probieren. Sein Kutter lag auf dem Trockendock und würde in den nächsten Tagen neu gestrichen werden. Der letzte Fang müsse eine Weile ausreichen, zwei Thunfische seien ihm ins Netz gegangen. Einer hing schon skelettiert vom Dach des Wellblechschuppens, der andere war bereits zur Hälfte filetiert und verkauft worden. Das tote Tier mit seinen fast zwei Metern Länge war so mächtig, dass ich es nicht gewagt hatte, mir ein Stück davon zu erbitten. Stattdessen hatte ich nur eine Handvoll Venusmuscheln und Garnelen erstanden. Baçi zeigte uns die Stelle, an der sich der Hai in den Thunfisch verbissen hatte. An der Oberfinne habe er gehangen und habe auch dann nicht nachgelassen, als sie ihn mitsamt dem Thunfisch aus dem Wasser geholt hätten. Der tote Haifisch hing an Stricken aufgespannt unter dem Wellblechdach. Seine weiche, graue Säugetierhaut war bereits eingefallen und wurde runzelig. Hinter dem Tresen portionierten drei Frauen Andrians Thunfischfilets.

Der Fischer erzählte vom Meer und davon, dass er die Berge ebenso liebe wie die See. Er trug einen Seemannsbart und über dem glatten, alterslosen Gesicht eine Kapitänsmütze, die nach Faschingsausstattung aussah. Das Licht in der Bucht war ungemein klar, die See war glatt, sie leuchtete in hellem Blau und die wilden Austern waren ein Gedicht. Baçi ließ gerade den Raki herumgehen, als zwei Motorradfahrer um die Ecke bogen und ihre Maschinen vor dem Schuppen zum Stehen brachten. Beide waren ganz in Schwarz gekleidet, der eine hatte eine GoPro-Kamera auf seinem Helm montiert und blieb auf dem Motorrad sitzen. Der andere stieg ab, zückte eine Digitalkamera und fotografierte aus ein paar Metern Entfernung die Szenerie: den aufgespannten Haifisch, die herabhängenden, mannshohen Thunfische, den Fischer, Andrian und mich. Kaum waren die Bilder im Kasten, verschwanden sie wieder, stoben die Küstenstraße entlang nach Vlora, ohne auch nur ein Wort an uns gerichtet zu haben. Mir war das unangenehm und

meinen Tischgenossen ebenso. Der Fischer blickte den Motorrädern hinterher und fragte:
– Was sind das für Manieren?

Albanien ist weit davon entfernt, vom Massentourismus vereinnahmt zu werden. Die Massen an den sommerlichen Stränden von Durrës, von Himara oder Shëngjin, sind immer noch albanisch, ganz genauso wie die übergroße Mehrheit der Selfiesticks am Kai von Saranda nach wie vor in albanischen Händen liegt. Es ist den großen Touristikkonzernen in den vergangenen Jahrzehnten nicht gelungen, Buchten und Strände aufzukaufen, um Hotelburgen hochzuziehen: Die Eigentumsverhältnisse sind viel zu verworren. Neben Geld bräuchte es Geduld, um die verstreuten Erben eines Grundstücks ausfindig zu machen (der eine lebt in New York, die andere in Frankfurt am Main). Und es bräuchte Vertrauen, denn die Grundstücksgrenzen sind oftmals nicht durch ein Katasteramt erfasst, sondern durch Steine gekennzeichnet, also durch Übereinkunft festgelegt worden und nicht durch eine Behörde. Geduld und Vertrauen aber sind Größen, für die in den Businessplänen und Rentabilitätsrechnungen kein Platz ist. Deshalb gibt es bis auf den heutigen Tag insbesondere in Albaniens Süden Strände und Buchten, die abgesehen vom Plastikmüll und einer improvisierten Bar nahezu jungfräulich geblieben sind. Die Strände von Durrës, Vlora und Saranda mit Hotels zu verbauen, das besorgen die Albaner selbst und zwar so gründlich, dass im Falle von Durrës vom „Dschungel“ die Rede ist: Auf ein paar Meter Sandstrand voller Sonnenschirme und Liegen folgt ein Stakkato an eng gesetzten Hochbauten aus Beton, das einen schwindeln lässt. Dass die Wasserqualität in der Bucht von Durrës bedenklich ist, das stört hier niemanden, nicht solange die Cocktails schmecken.

Das allererste Hotel am Strand von Durrës, den man sich zu dieser Zeit, auch wenn das heute schwer fällt, als paradiesisch-ruhig und piniengesäumt vorstellen muss, wurde Ende der fünfziger Jahre mit sowjetrussischen Geldern errichtet: Die russische Administration hatte die lang gestreckten, von Tirana aus leicht und schnell zugänglichen Strände außerhalb von Durrës für Parteikader ins Auge gefasst und steuerte die nötigen Mittel bei, um dort einen ersten, fünfstöckigen Hotelkomplex hochzuziehen. Die tschechische Regierung wiederum hatte sich sehr interessiert gezeigt, an der wilden albanischen Riviera im Süden tätig zu werden, um Regierungsangestellte dort in die Sommerfrische zu schicken. Mit *Albturist* war 1956 eine albanische Tourismusbehörde ins Leben gerufen worden, die zunächst das Ziel verfolgte, befreundete sozialistische Staaten mit der erforderlichen Infrastruktur zu versorgen. Albturist nahm Schritt für Schritt ein landesweites Netz an Hotels in Betrieb, welche heute noch von lokaler Bedeutung sind und weiterhin als *Turizmi* bezeichnet werden. Freundschaften aber sind zerbrechlich und die sozialistischen Bruderländer wurden aus der Perspektive Albaniens und

Enver Hoxhas zu Abtrünnigen, zu Verrätern an der reinen Lehre, weshalb das Land 1968 aus dem Warschauer Pakt austrat und sich der Volksrepublik China zuwandte. Von dort konnte Albanien zwar Staatshilfen, Industrieanlagen und Traktoren beziehen, nicht aber Touristen. Daher öffnete man sich vorsichtig den westlichen Staaten und ermöglichte einen streng organisierten und kontrollierten Tourismus. Die Wartezeit für ein Visum betrug anfangs bis zu sieben Monate und die Buchung über eine Reiseagentur war Pflicht. Wer beruflich mit Journalismus oder Politik zu tun hatte, durfte sich erst gar keine Hoffnung auf eine Genehmigung machen.

Der erste Charterflug aus Deutschland landete 1975 in Tirana, im Jahr meiner Geburt: Vierunddreißig kamerabehängte Westdeutsche, darunter, wie es heißt, eine Vielzahl von Rentnern sowie mindestens ein Veteran des Balkankrieges, stiegen aus dem Flieger und liefen über das Rollfeld. Sie begaben sich auf eine streng durchorganisierte siebentägige Reise durch Albanien und klapperten die einschlägigen Tourismusdestinationen ab: Pogradec, Butrint, Gjirokastra, Berat. Immer untergebracht in Turizmi-Hotels, stets versorgt mit den offiziellen Albturist-Menus und immer dazu angehalten, Fabriken, Statuen und Monumente zu fotografieren sowie gewisse Bekleidungs- und Benimmstandards einzuhalten. Ob es wirklich wahr ist oder nicht, es scheint mir jedenfalls nicht unwahrscheinlich, dass es auf dem Flughafen von Tirana einen Barbier gegeben hat, bei dem sich die einreisenden westdeutschen

Marxisten-Leninisten, noch bevor sie das Land der Banner und Transparente betraten, ihrer Bärte und ihres schulterlangen Haares entledigen konnten. Gesichert ist, dass den verschiedenen Reisegruppen der eine oder andere folkloristische Abend dargeboten wurde, ein traditioneller Tanz oder eine Vorführung polyphonen Gesangs zum Beispiel. Dies aber fand nicht in den Dörfern, sondern im Speisesaal eines Hotels oder auf der Bühne eines Kombinats statt. Zu gern wüsste ich, ob diesen frühen Besuchern Raki serviert wurde, oder ob Raki als bäuerlich-rückständig galt und stattdessen der industrielle Cognac aus einheimischer Produktion auf die Tische kam. Letzteres scheint mir wahrscheinlicher. Der Ablauf dieser ersten, wie auch aller folgenden Reisen, war minutiös geplant worden und die Beteiligten bekamen zwar viel vom Land zu sehen, aber nichts von dessen Bevölkerung. Stattdessen wurden sie in Turizmi-Hotels kaserniert, von Sehenswürdigkeit zu Sehenswürdigkeit transportiert und standen stets unter der Aufsicht zweier junger Männer, von denen einer der polyglotte Reiseleiter war und die Funktion des anderen im Unklaren blieb. Die verschiedenen Gruppen gelangten über die Jahre zur selben Zeit an dieselben Orte, trafen dieselben Menschen, sahen dieselben Darbietungen, machten sich die gleichen Gedanken, suchten nach kleinen Schlupflöchern, gingen schon morgens um sechs aus dem Hotel, um ein paar Fotos zu machen, wurden wieder eingefangen und weitertransportiert, landeten zurück in Tirana und flogen anderntags wieder aus. Die Touristen bekamen die

Eindrücke, nach denen es sie verlangt hatte, der Staat die Devisen. Viel jedoch war es nicht, weder an Devisen noch an Touristen: Kamen 1956 gerade mal zweihundertachtzig Touristen nach Albanien, waren es im Verlaufe der Siebziger pro Jahr lediglich etwa dreieinhalbtausend. Man kann also guten Gewissens sagen, dass die Albaner während der kommunistischen Jahre keinerlei Kontakt zum Ausland bzw. zu Ausländern hatten.

Andrian hat mir erzählt, dass die Nachricht vom Tod des rumänischen Diktators Ceauşescu mehr als alles andere den albanischen Aufstand von 1990/91 befeuert habe. Ceauşescu war am 22. Dezember 1990 aus Bukarest geflohen, sein Helikopter aber wurde vom Militär festgesetzt, Ceauşescu und seine Frau verhaftet und vor ein improvisiertes Gericht gestellt. Sowohl von dem Verhör als auch der direkt im Anschluss durchgeführten Exekution gibt es Filmaufnahmen, die um die Welt gingen. Dies sei der Zeitpunkt gewesen, an dem einem auch in Albanien bewusst wurde, dass nun alles möglich war. Entscheidend war, dass sich den protestierenden Studenten auf dem Skanderbegplatz allmählich die Arbeiter anschlossen. Entscheidend war zudem, dass die albanische Führung, namentlich der Innenminister, in Tirana nicht schießen ließ, obwohl zum selben Zeitpunkt an den Grenzen noch geschossen wurde. Am 20. Februar wurde in Tirana mit dem monumentalen Standbild Enver Hoxhas eine ganze Epoche vom Sockel gestoßen und die Neunziger wurden eingeläutet. Eilig versprach die

Regierung zum einen freie Wahlen und zum anderen, einen jeden Albaner alsbald mit gültigen Reisedokumenten auszustatten und so die legale Ausreise zügig zu ermöglichen. In Albanien gibt es keinen Begriff für die „Wende". Es gibt keinen Zeitpunkt, kein Datum, keine Wahl, mit dem oder mit der sich Albaniens Schicksal entschieden, eine Richtung eingeschlagen hätte. Stattdessen ist stets die Rede von „den Neunzigern": *nëntëdhjeta*. Ein ganzes Jahrzehnt würde Albanien für den Aufbruch benötigen, ein Jahrzehnt voller Krisen, bewaffneter Aufstände, zweier großer Massenfluchten und des ökonomischen Zusammenbruchs.

Der erste Individualtourist war mit großer Wahrscheinlichkeit der neuseeländische Autor Lloyd Jones, der sich noch 1991 und damit zum frühestmöglichen Zeitpunkt nach Albanien begeben hat. Er muss die albanischen Behörden dermaßen überrascht haben, dass alle Gängelei ausblieb und Jones gänzlich unbeobachtet durch das Land streunen konnte. Er hat von dieser Reise umfassend berichtet (in *Biografi*, 1993), so dass hier keine Nacherzählung erforderlich ist. Nur so viel: Jones ist das Kunststück gelungen, während des Umbruchs durch Albanien zu reisen, während der ersten Massenfluchten, des Zusammenbruchs, während der letzten Schüsse an den Grenzen und noch vor den ersten Wahlen und dem ersten Regierungswechsel. Ein Vierteljahrhundert später sind die Touristen zahlreich geworden und Albanien ungleich zugänglicher. Die schlechte Presse der neunziger Jahre, die Albanien ausschließlich in negativem Kontext porträtiert hat, ist langsam vergessen. Auf Korfu annonciert man das „*Albanian Adventure*“, preist den Tagesausflug nach Saranda mit fünfzig Euro aus und befördert vor allem deutsche und italienische Touristen, die sich zunächst mutig vorkommen und anschließend ganz angetan sind, hinüber in die südlichste aller albanischen Städte. Noch während ich mit Baçi und Andrian bei Austern und Raki saß, mühten sich zwei Fahrradfahrer die Küstenstraße entlang, welche die albanische Sonne unterschätzt hatten. Diejenigen Russen, die sich Zypern und Kroatien nicht leisten können, haben Durrës wiederentdeckt und tschechische Backpacker versuchen vergeblich, an der Riviera mit Autostopp weiterzukommen. Derweil sind die Deutschen in den Hostels häufig in der Überzahl, geben sich aber überrascht, sobald sie auf ihre Landsleute treffen. In Berlin erfährt jemand, dass ich bald nach Albanien aufbreche und will mir unbedingt einen Tipp mit auf den Weg geben, einen Geheimtipp: Den Stausee von Komand und die Fähre nach Fierze.

Was gut sei und was nicht, das käme ganz auf die Art der Entwicklung an, sagte Baçi, der Fischer: Man könne ein Feld nur gleichmäßig pflügen, wenn beide Ochsen im Geschirr gleich kräftig seien. So gesehen sei es ein Glück, dass der Ausbau des Straßennetzes so langsam vor sich gehe. Noch sei es nicht so weit, aber es sei nur eine Frage der Zeit, bis Reisebusse und -gesellschaften tagtäglich durch die Bucht von Vlora, den Llogarapass hinauf und hinüber an die Riviera führen. Sobald die Infrastruktur und die Logistik geschaffen seien, sei es vorbei mit der Ruhe. Dann würden Charterflüge den Flughafen von Tirana anfliegen, die Pauschalurlauber würden innerhalb weniger Stunden an die südliche Küste transportiert und auf die neuerbauten Hotels mit Swimmingpool verteilt werden.

Machen wir uns nichts vor: Der Tourismus wird Albanien verändern. Er wird Albanien verändern, so wie er Griechenland oder Kroatien verändert hat. Der Tourismus bringt Geld und Beschäftigung, beides wird gebraucht und gerne angenommen. Aber genauso wie Griechenland und Kroatien fern der Touristenrouten unverändert geblieben sind, so wird es auch Albanien bleiben. Der Küstenstreifen, das Schwemmland, das Meer vor dem Meer, die Riviera sowie wenige Wege in die Berge, dies werden die Trassen sein, auf denen sich die meisten Touristen bewegen. Sie werden an dieselben Orte gelangen, dieselben Menschen treffen, sich die gleichen Gedanken machen. Die wenigsten aber werden nach Peshkopi finden, nach Vermosh oder nach Burrel. Sie werden nicht einmal die Küstenstraße bei Vlora verlassen, obwohl es innerhalb von hundert Höhenmetern ein Ende nimmt mit den Hotels, den Restaurants und Bars. Dort beginnt das Land der Ziegen, schräg am Hang stehen längliche Verschläge, aus allen möglichen Materialien wild zusammengezimmert. Den Verkehr der Küste hört man dort nicht mehr, dafür aber die Rufe der Ziegenhirten, es ist windstill und die Sonne brennt. Gegenüber, auf der anderen Seite der Bucht erstreckt sich die unbewohnte, wasserlose Halbinsel Karaburun. Von deren

Seeseite würden nachts die Schmuggler über die Straße von Otranto nach Italien aufbrechen, so heißt es. Die Topografie Albaniens erlaubt keine Eroberung, nicht zur Zeit der Osmanen und nicht im Zeitalter der Touristen.

In Vlora wurde wie verrückt gebaut, es gab EU-Gelder für die Sanierung der Promenade und einige Monate zuvor hatten EU-Vertreter den zügigen Weiterbau angemahnt, damit man im Zeitplan bliebe. Daher geschah alles gleichzeitig: Straßen wurden aufgerissen, neu asphaltiert, Wege verlegt, Palmen gepflanzt, Sand aufgeschüttet und Bürgersteige gepflastert. Der Verkehr kroch und schob sich meterweise durch die Stadt. Zu allem Überfluss gab es ein zweites Projekt, das zeitgleich ausgeführt wurde: Zahlreiche Straßenzüge in den Hügeln wurden neugestaltet, Kies wurde angefahren, die Bagger huben Gräben aus, damit endlich ein neues Abwassersystem verlegt werden konnte. Deshalb wurde blockweise die Wasserzufuhr unterbrochen, das Wasser schoss aus der unterbrochenen Leitung auf die Straße, rann bergab, bildete Pfützen und kleine Tümpel, ergoss sich auf die Hauptstraße und suchte sich Wege zum Meer. Vlora kam mir vor wie ein großer Bienenstock: die Arbeiterbienen trugen gelbe Westen und gelbe Helme und schwirrten ebenso ziellos umher, wie diese schmetterlingsartige, blassgelbe Mottenart, deren gesamte Population in den letzten Tagen geschlüpft war – mag sein, dass sie, ebenso wie die Stechmücken, aufgrund all der Pfützen und Tümpel, optimale Bedingungen vorgefunden hatten und sich deshalb explosionsartig vermehrten. Zu meinem

Balkon im vierten Stock aber drangen die Motten und Mücken nicht vor, denn dort streifte stets eine leichte, salzige Brise unter der Markise entlang. Vor mir lag die Bucht von Vlora, die Insel Sazan, rechter Hand leuchteten nachts die Lichter der Stadt und der Strandpromenade, links lag die Halbinsel Karaburun vor dem ionischen Meer wie ein badendes Reptil. Manchmal war die See dunkelblau, dann leuchtete sie auf einmal türkis, manchmal kräuselten sich kleine Wellen, dann wieder war sie so glatt, dass sich ganz Vlora in ihr spiegelte. Andrian hatte mir erzählt, dass das Wort Karaburun aus dem Türkischen käme und „schwarzes Kap" bedeuten würde bzw. wörtlich „Schwarznase" – denn *kara* heißt schwarz und *burun* steht für Nase. Wenn das Wetter wechselte, der Wind die Wellen quer durch die Bucht treiben würde, dann sei der Karaburun der erste, der Wolken tragen würde. Dichter würden die Wolken werden, dann würde der Berg sich schwarz verfärben und das schlechte Wetter stünde unmittelbar bevor. Genauso war es. Erst standen Wölkchen auf dem Karaburun, dann türmten sich Wolken, dann wurde der Berg schwarz und am nächsten Tag windete es erst und schüttete schließlich aus Kübeln.

Letztlich blieb ich ganze drei Wochen in Vlora, in Andrians Apartment: Ich blickte tagaus, tagein hinaus auf die See, auf dieses erstaunliche leere Meer und schrieb einen Teil dieses Buches. Ansonsten unternahm ich kaum etwas. Manchmal ankerten Frachtschiffe für einen oder für zwei

Tage in der Bucht, ein Beiboot steuerte den Hafen an, entweder für einen Landgang oder um die Papiere zu regeln. Jeden Nachmittag verließ die Fähre nach Brindisi den Hafen und lag frühmorgens schon wieder vor Anker. Während meiner drei Wochen in Vlora gab es ein einziges kleines Segelboot, eine Jolle, die just dann in die Bucht einfuhr, als der Karaburun schwarz war, das Meer aufgeregt und die Wellen hoch.

Die Abwesenheit von Booten und Schiffen, von Ankerplätzen und Anlegestegen an der albanischen Küste ist schwer zu begreifen. Es ist leicht, Dinge zu sehen, die da sind – schwerer fällt es, zu erfassen, was nicht da ist. Überall an der Adria, an der ionischen See, auf den griechischen Inseln, in den kroatischen Hafenstädtchen, wimmelt es von blankweißen privaten Yachten, von altersschwachen Fischerbooten und Ausflugsdampfern – nicht so in Albanien, jedenfalls noch nicht. Während der Diktatur war der Besitz von privaten Booten verboten, einzig die albanische Marine patrouillierte zwischen Korfu, Porto Palermo, Sazan und der albanischen Küste und lies die Suchscheinwerfer kreisen. Die meisten der in den Neunzigern neu angeschafften privaten Gummiboote wurden unter der sozialistischen Regierung von Fatos Nano zusammengetragen, gestapelt, mit Benzin übergossen und in der Bucht von Vlora verbrannt, um so dem Schmuggel von Drogen, Waffen und Menschen wenn nicht ein Ende zu machen, so doch ihn erheblich einzuschränken: Die Regierung Nano verhängte ein Moratorium, der private Ankauf von Booten und Bootsmotoren wurde auf Jahre hinaus verboten. Noch heute wirkt das Meer vor Albanien nahezu jungfräulich, eine Motoryacht ist ein seltener Anblick.

Zehn Jahre zuvor war ich zum ersten Mal in Vlora und am Überlegen gewesen: besser zurückkehren oder doch noch weiterziehen gen Süden? Ich war müde, stand mit meinem Gepäck unschlüssig am Boulevard; ich hatte mir eine Erkältung eingefangen, weil ich eine Nacht am Strand verbracht und nicht mit dem Wind gerechnet hatte. Mein Mund war rau vom Tarabosh-Tabak, den es in Laç kiloweise zu kaufen gegeben hatte. Ich wollte es gut sein lassen, nach Norden, nach Naraç zurückkehren, als mir eine schwarze Katze über den Weg lief, ihr Bauchfell war weiß, die Pfoten ebenso. Sie hatte blaue Augen und lange weiße Schnurrhaare. Die Katze war von magischer Schönheit, ich folgte ihr entlang des Boulevards, sie aber verkroch sich unter einem Transporter. Der Transporter war ein Furgon, ich stieg ein. Der Furgon fuhr nach Süden, in den Süden des Südens. Es war heiß, ich saß am Notsitz an der Tür. Der Fahrer öffnete in unregelmäßigen Abständen die Tür, der warme Wind trat in den Furgon. Wir fuhren hinauf, durch Kiefernwälder auf den Llogara-Pass. Zur Linken lag das mächtige Massiv des Mali i Çikës, weit unten die ionische See, der Blick ging bis hinüber nach Korfu: Das Herz ging mir auf. Der Furgon nahm den Weg in hundert Kurven nach unten, weit über der See, hoch über den nahen griechischen Inseln, den albanischen Dörfern, den Olivenhainen, den

Buchten und den Stränden: Ich sah all das, aber ich glaubte es noch nicht. Das einzige, was ich wusste, war, dass ich mich verloren hatte. Ich dachte, ich sei zu weit gegangen und jetzt hätte mich das Land gefangen genommen, in den Bann geschlagen. Ich würde wiederkommen müssen. Ich war diesen Weg von Vlora nach Dhërmi zum ersten Mal gefahren, gewiss aber nicht zum letzten Mal – ganz gleich, was mich jetzt dort unten erwarten würde!
In Dhërmi steigst du aus, grüßt freundlich die Alten am Straßenrand, erfragst den Weg nach unten. Ein Zigeunerjunge wird dich ansprechen, dir ein Zimmer anbieten. Du aber lehnst ab, du möchtest ganz nach unten, direkt an das Wasser, dorthin, wo du das Schild *Hotel Luciano* gesehen hast. Dort bekommst du ein Zimmer, dessen Türen direkt auf das Meer gehen. Du sitzt auf der Terrasse, als gegenüber die Sonne karminrot in das Meer taucht und Korfus Lichter angehen. Du bist dort gelandet, wo es schön ist. Den Zigeunerjungen wirst du wiedersehen, er wird größer geworden sein und dich wieder ansprechen, weil du Jahre später wieder hinuntergehst. Er wird dich wieder ansprechen, dann zu lachen anfangen, weil er dich erkennt, ganz genauso, wie sie dich im Hotel Luciano wieder erkennen werden.

Der Süden des Südens ist voller Wärme und voll von Ungewissheiten, die Konturen verschwimmen, Klarheiten verschwinden. Die albanische Riviera ist ein Traumland, ich fühlte mich in das Italien der 50er oder 60er Jahre versetzt, in das Italien von Fellini, Rosselini und Visconti. Die Berge stürzen ins Meer, auf halber Höhe liegen die Dörfer: Dhërmi, Vuno, Qeparo. Die Kirchen sind zahlreich, sie sind alt und orthodox, es wird viel griechisch gesprochen. Unten, direkt am Meeressaum, stehen die kleinen Hotels. Beton war auf die Felsen gegossen worden, kleine Stege angelegt. Nur Boote, Boote gab es keine, das Meer blieb leer. Ebenso leer lag der Strand, wild und von niemandem eingenommen, außer von windschiefen Pinien und dem Müll, dem Plastikmüll, der allgegenwärtigen Signatur dessen, was wir Kultur nennen, was wir „den Westen" genannt haben, als es „den Osten" noch gegeben hatte. Der lange Sandstrand unmittelbar nördlich von Dhërmi lag in der Sonne, kein Mensch war unterwegs, einzig eine improvisierte Strandbar stand verlassen zwischen den Pinien. Oben am Berg tobten zu gleicher Zeit die Gewitter. An den Felswänden des Mali i Çikës türmten sich die Wolken und regneten sich aus, ganz so, als wären sie (genauso wie ich) von dieser mächtigen, zweitausend Meter hohen Barriere überrascht worden und an ihr gescheitert. Eine Reihe Bunker versank in den Dünen, einer stand leicht schräg, der nächste war schon gefallen, der Eingang des dritten versandet. Die Invasion, die Albaniens Diktator aus jeder Himmelsrichtung erwartet hatte, sie war ausgeblieben. Keine Landungsschiffe waren über das Meer gekommen, keine griechischen, keine jugoslawischen, keine amerikanischen Truppen hatten sich dem Feuer aus den zahllosen Bunkern ausgesetzt. Enver Hoxha war 1985 gestorben. Die wahre Invasion würde erst dreißig Jahre später stattfinden. Unter dem Befehl von Unilever, Coca Cola und Nestlé würden in den großen Städten Stützpunkte bezogen werden, die Munition würde aus Konserven bestehen, aus Plastikflaschen, Einwegverpackungen und Jogurtbechern. Die Bazare würden sich mit Kleidung aus chinesischer Produktion füllen, die deutsche Telekom das Mobilnetz übernehmen und Monsanto damit beginnen, Round-up zu verkaufen.

Wenige Kilometer trennen die albanische Riviera von der korfiotischen Nordküste. Die See mag still erscheinen, sich scheinbar unbewegt zwischen Albanien und Korfu erstrecken. Dessen ungeachtet ist der albanische Sportschwimmer, der sich Ende der achtziger Jahre von Ksamil ganz im Süden aus aufgemacht hatte, die Lichter des anderen Ufers zu erreichen, erst einen Tag später auf der Höhe von Saranda, also zehn Kilometer weiter nördlich, von einem griechischen Fischerboot aufgegriffen worden. Die Strömung zwischen Albanien und Korfu ist zu stark, jeder, der es versucht hat, wurde abgetrieben – manche wurden gefunden, einige von den Patrouillenbooten aufgegriffen, andere blieben spurlos verschwunden. Dies und die hohen Berge, die das albanische Territorium begrenzen, sind nur ein erster Grund, warum während der Jahre der Diktatur so wenige die Flucht gewagt haben. Der zweite Grund ist weitreichender: Es ist der *fis*, die albanische Familien- und Stammesstruktur. Wie kann man fliehen, wenn man sich bewusst ist, seine gesamte Familie dadurch der staatlichen Willkür auszusetzen? Ein jeder, der auch nur über Flucht sprach, setzte sich und seine Familie dem Verdacht und der Verfolgung aus. In Albanien herrschte Sippenhaft, Dissidententum wie in der DDR war nahezu unmöglich. Jeder war vor jedem auf der Hut und ein Gespräch über den Mangel an Brot, über den Lehrplan, über die letzte Ernte, konnte gefährlich sein. Der Bus, der von Tepelena über Përmet nach Korça fuhr, wurde stets von Militär begleitet, denn die Strecke verläuft in Sichtweite der griechischen Grenze. Selbst als in Tirana die kommunistische Partei schon auf dem Rückzug war, nichts mehr gegen die Massenproteste unternommen wurde, wurde an den Grenzen noch scharf geschossen. Während der kommunistischen Jahre waren es 13692 Personen, auf die an den Landesgrenzen geschossen wurde, 988 davon erlagen ihren Wunden. Diese Zahlen veröffentlichte das albanische Innenministerium im November 1990. Zum Vergleich: an der Berliner Mauer und der innerdeutschen Grenze kamen 1065 Menschen zu Tode.

Als im September des Jahres 1943 die italienischen Truppen ab- und die deutschen vorrückten, befanden sich die Partisanentruppen weit oben in den Bergen, fern der befahrbaren Straßen, fern der Infrastruktur. Dass aber da ein neuer Besatzer nachrücken sollte, wo doch der alte müde und geschlagen schien, das durfte nicht geschehen: Deshalb ergeht Befehl an die einzelnen Einheiten, vorzurücken, in die Täler zu gehen, um sich dem neuen Feind mit allem Widerstand entgegen zu stellen. Die ersten Wochen der deutschen Besatzung verlaufen blutiger, als vom Heereskommando erwartet worden war: Bei Drashovice gerät eine ganze Einheit in einen Hinterhalt und wird aufgerieben, ebenso in der Nähe von Pogradec, die Straße von Gjirokastra nach Tepelena ist Schauplatz von zahlreichen Scharmützeln, die Verbindungswege zwischen dem Korps in Tirana und jenem in Ioannina sind empfindlich eingeschränkt. Die Städte Pogradec, Berat, Krujë, Burrel, Peshkopi, Gjirokastra, Tepelena und Saranda widerstehen wochenlang, das Land der Riviera, das Land zwischen Vlora, Dhërmi und Qeparo bis hinunter nach Konispol an der griechischen Grenze bleibt in der Hand der Freischärler und kann nicht eingenommen werden.

Die Zeit der Deutschen in Albanien ist eine kurze: Bereits am 17. November 1944 marschieren die Partisanen in

Tirana ein, am 29. November ziehen die letzten Wehrmachttruppen von Shkodra aus gen Norden ab. Zwischenzeitlich hatte der hochgewachsene Partisanenführer Enver Hoxha aus der bewaffneten Widerstandsbewegung eine Partei geformt, deren Führung er die kommenden nächsten vierzig Jahre einnehmen würde: die Kommunistische Partei Albaniens (ab 1948: Partei der Arbeit Albaniens). Aus dem engsten Vertrautenkreis der ehemaligen Partisanen um Enver Hoxha ging die Geheimpolizei hervor, die *Sigurimi*. Die Machtübernahme der Kommunisten bedeutete einen abrupten, gewaltsamen Aufbruch Albaniens in die Moderne: Die Schulpflicht wurde eingeführt, die Sümpfe trockengelegt, die Malaria und der Analphabetismus bekämpft, Olivenplantagen wurden angelegt, Fabriken aus dem Boden gestampft. Traditionelle Lebenszusammenhänge wurden binnen weniger Jahre zerrissen, die Bauern in die Fabriken geholt, die Kinder vom Feld in die Schule oder zum sommerlichen Brigadeeinsatz auf das neu terrassierte Land im Süden geschickt. Die *Sigurimi* verwandelte die ehemaligen Militärstützpunkte in Lager und füllte diese mit den Feinden des neuen Regimes, den erklärten und den unerklärten.

Es war in Tirana. Der alte Herr hatte dreimal nach mir gesucht, ich aber war nicht zuhause gewesen. Vom Laden aus hatten sie hinaufgerufen:
– Jorgo, Jorgo!

Erst beim vierten Mal steckte ich meinen Kopf aus dem Fenster, um zu sehen, worum es ging. Unten standen die beiden Brüder, Serge und Imer, die den Laden betrieben, zusammen mit dem alten Mann.
– *Një minut, një minut,* rief ich und eilte hinunter.
Man hatte mir Herrn Shahini gefunden, weil ich nach jemandem gefragte hatte, der erzählen könne, über die kommunistische Zeit, über die Gefängnisse: Ich hatte nach jemandem mit einer schlechten *biografi* gefragt. Jemandem, der die andere Seite der Wahrheit erzählen können würde. Herr Shahini war ein ernster Mensch mit ernsthaftem Auftritt in Weste und Jackett, mit wohlgeformten, schönen, ja aristokratischen Gesichtszügen. Herr Shahini sprach Französisch, wir verabredeten uns für den nächsten Tag. Herr Shahini sagte, er würde Dokumente mitbringen: Beweise würde er mir vorlegen.

Wir trafen uns im Café. Herr Shahini hatte für unsere Unterredung eines dieser modernen Loungecafés mit lauter amerikanischer Musik ausgesucht und nicht etwa ein gemütliches Alte-Leute-Café. Er war freundlich, zuvorkommend, ja herzlich. Aber er lächelte nicht. Er war mir gewogen, das unterstrich er mehrfach. Zum Beweis seines Alters und seiner gesamten Geschichte zeigte er mir seinen Pass, es war ein alter Pass, ein Heftchen mit weinrotem Einband, das Foto zeigte einen beeindruckenden Mann. Er war Jahrgang 1940. Man sah es ihm nicht wirklich an und dann wiederum doch. Die Gestik von Herrn Shahini war

ausladend und weich, die Arme tanzten, seine Finger spielten. Manchmal klopfte er bekräftigend auf den Tisch. Er hatte in der Tat Dokumente mitgebracht, mehrere Mappen auf dem kleinen Tisch ausgebreitet. Herr Shahini bestellte Kaffee. In seiner Jackettasche steckten drei Zigaretten einer guten Sorte. Er zog eine hervor und ließ sie sich vom Ober anstecken. Mich ließ er die mitgebrachten Dokumente begutachten, kurz warf ich Blicke auf Bescheinigungen, ausgestellt in der albanischen Wendezeit. Vermerkt waren die Zeiten, die er, sein Vater und seine Mutter, in unterschiedlichen Lagern verbracht hatten. Herr Shahini erklärte, wie wichtig dies für die Berechnung der Pension sei: Lagerjahre würden als Arbeitsjahre gezählt.
– Was ihm der Staat zahle?
– 230 Euro im Monat.
Dies sei jedoch vergleichsweise üppig, ihm würde (im Gegensatz zu anderen) zusätzlich seine Tätigkeit während der Neunziger berechnet, als er als Vorsitzender eines Opferverbands fungiert hätte. Normalerweise kämen nur etwa 100 bis 130 Euro zusammen. Er wohne mit seiner Frau zur Miete, Eigentum habe er keines.
Dann erzählte er vom Stammbaum seiner Familie, von seiner Herkunft. Zeitungsausschnitte führe er mit sich, Beweise für das, was er sage. Ihm läge an der Wahrheit, er betonte das. Seine Familiengeschichte ist einfach und hoch kompliziert zugleich. Bevor er ein ganzes Adelsgeschlecht vor mir ausbreitete, rauchte Herr Shahini die zweite

Zigarette bis auf den Filter auf: Seine Urgroßmutter sei Türkin gewesen und hätte dem türkischen Adel entstammt. Sie sei mit einem Albaner aus ebenso mächtiger Familie verheiratet worden, mit dem Sohn der Schwester von Ali Pasha. Im Jahre 1883 sei die Familie von der Türkei nach Albanien übersiedelt. Unter König Zogu, dem Clanchef aus dem Norden, der sich in den zwanziger Jahren im Handstreich zum Herrscher Albaniens aufgeschwungen hatte, seien sie zu *Beys*, zu Fürsten, ernannt und mit Ländereien ausgestattet worden. Zwölf Diener hätte es gegeben in seinem Elternhaus, während seiner Kindheit. Aber ab 1944 hätten sämtliche Familienmitglieder schlechte *biografi* gehabt, also verdammt schlechte Karten.

Im Namen des Volkes marschierten die Kommunisten an die Macht, im Namen des Volkes wurden Urteile gesprochen in den Gassen Gjirokastras und auf den Boulevards von Tirana. Seinen Großvater hätte man sofort erschossen, der Vater kam ins Lager und dort später zu Tode. Er selbst wurde zunächst mitsamt der Mutter und den Geschwistern in ein Dorf verbannt, er war fünf. In einer Hütte hätten sie gehaust, die zu klein und während der Kälteperiode kaum beheizbar gewesen sei:

– Wir sind zu Aussätzigen geworden: Für uns war es vierzig Jahre lang Winter.

Er beschrieb das Hüttenleben, umriss kurz den Sturz in ein primitives Dasein, erzählte dann aber nicht weiter, er übersprang die Diktatur der vierzig Winter und setzte erst

in der Wendezeit wieder ein. Herr Shahini steckte sich die dritte Zigarette an und deklamierte überraschenderweise:
– *C'est la lutte des classes, aujourd'hui!*
– Klassenkampf?
Ich sagte ihm, wie sehr es mich wundern würde, dass er, ein politisch Verfolgter, aus gefallener Familie, das Vokabular seiner Verfolger benutze.
– Aber ja doch, das sei Klassenkampf heute! Ich müsse mich doch nur umsehen!
Er unterstrich dies mit einer Gebärde, die den ganzen *Blloku* und die Ministerien umfasste, bis zum Dajti reichte, bis nach Burrel und darüber hinaus. Er machte eine kleine Pause und zog ein letztes Mal an seiner Zigarette.
– 2003 hätten sie ihn erneut enteignet.
– Erneut?
Im Jahre 1993 hätte er vieles von dem zurückbekommen, was der Familie 1944 genommen worden sei.
– Nicht alles, aber vieles. Vor allem Land. Und den Titel.
Dann sei das neue Gesetz in Kraft getreten und sowohl den Titel als auch den Landbesitz hätte er wieder abgeben müssen – an die neuen Herren Albaniens, die herrschende Klasse, die Pfuscher am Bau.
Seine Zigaretten waren zu Ende. Ich schob ihm zum wiederholten Male eine Packung Winston über den Tisch, aber die mochte er nicht. Ich erstritt mir das Recht, ihm ein weiteres Getränk zu bestellen. Schließlich bestellte er einen Bitter. Der Ober ließ auf meine Intervention hin Zigaretten

holen, die lang waren und dünn und Royal hießen. Der *Bey* bedankte sich ernst und mehrfach.
– *Merci Monsieur, merci beaucoup.*
– *Je vous en prie, Monsieur. De rien.*

Erst war Sowjetrussland den albanischen Kommunisten der engste Verbündete, 1961 aber brach Enver Hoxha mit der Sowjetunion, suchte im maoistischen China einen neuen Partner, der ebenso wie er selbst an den stalinistischen Idealen in Theorie und Praxis festhielt. In Maos Kulturkampf fand Hoxha die Vorlage für den Kampf gegen Religion und Tradition, er ließ sämtliche Religionsausübung verbieten, die verbliebenen Kirchen, Moscheen und Gotteshäuser schließen, den Klerus verfolgen: Albanien wurde 1967 zum atheistischen Staat erklärt. Chinesische Ingenieure übernahmen die Aufgaben der sowjetrussischen. Albanische Studenten wurden nun nicht mehr nach Moskau, sondern nach Peking geschickt. Noch heute sieht man chinesische Traktoren auf den Feldern, chinesische Schriftzeichen auf Transformatoren und Motorblöcken. Sowjetrussland galt beiden Staaten als revisionistisch, gemeinsam glaubte man, den wahren Marxismus-Leninismus zu verteidigen. Aber auch die Liaison mit dem kommunistischen China war nur von kurzer Dauer. Bereits 1978 kam es zum erneuten Bruch, Albanien war von da an auf sich allein gestellt. Dies ist auch die Zeit der Bunker, die Albanien heute überziehen, über 170 000 sollen es sein. Sie wurden gebaut an Aussichtspunkten, über Buchten, an Taleingängen, an

Berghängen, auf Felsen, an Dorfstraßen, in Innenstädten, in Außenbezirken, vor Hafen- und Industrieanlagen. Hätte es jemanden gegeben, der Albanien mittels Landstreitkräften einzunehmen geplant hätte (Konjunktiv Irrealis), er wäre gescheitert. Die Bunker sind die Übertragung der Partisanenstrategie auf den Verteidigungsfall: Die vier Bunker, die außerhalb von Ksamil die Einfahrt in die Bucht von Saranda bewachen, wären geeignet gewesen, mit wenigen Mann eine ganze Invasionsflotte aufzuhalten. Nur: Es kam niemand. Und es gab auch keine Macht mehr, die noch ein Auge auf Albanien geworfen hätte. Noch nicht einmal Titos Jugoslawien, das nach dem zweiten Weltkrieg Albanien gerne als Anwärter für eine siebte Teilrepublik gesehen hätte, kümmerte sich noch um den kleinen Nachbarstaat. Und so konnte es geschehen, dass ein ganzes Land in Vergessenheit geriet, während es Bunker baute, um sich vor den Interessen anderer zu schützen.

Die Invasion

Das gesamte Unterfangen muss man sich vorstellen wie eine militärische Operation, wie ein Manöver, das von langer Hand geplant war und generalstabsmäßig vorbereitet wurde. Etwas Vergleichbares hatte es noch nicht gegeben und würde auch nicht wiederkehren, aber das konnte zu diesem Zeitpunkt noch keiner ahnen: Im Spätsommer 1996 setzten achtundneunzig Polizeibeamte des London Metropolitan Club von Brindisi nach Vlora über, um fünfzig Kilometer weiter südlich an der albanischen Riviera zehn Tage lang Urlaub zu machen. Auf britischer Seite hatte das kleine Touristikunternehmen von Colin Small („Small World") alles in die Wege geleitet, Trekkingausrüstung, Kajaks und Taucheranzüge nach Albanien verschifft und umfassende Auslandskrankenversicherungen abgeschlossen. Daimler-Benz war als Sponsor gewonnen worden und stellte einen nagelneuen Transporter zur Verfügung – unter der Bedingung, man möge keine Zumutung auslassen und tunlichst versuchen, den Wagen kaputt zu fahren. Ein professioneller Fotograf war mit von der Partie, die Regierung von Albanien war involviert und eine albanische NGO mit der Durchführung beauftragt worden. Fast ein Jahr nachdem die Vorbereitungen begonnen hatten, stand der Biologe Andrian Vaso in Vlora am Kai, um die Touristen in Empfang zu nehmen. Heute spricht

Andrian von einem großen Experiment und lacht, wenn er sich ausmalt, wie schäbig und grau alles auf die bunte, frisch gewaschene und tadellos gekleidete Kompanie an Engländern gewirkt haben musste.

– *Ah, Mr. Vaso! Nice to meet you!*

Da stand er in seinen alten Schuhen, hatte sich trotz der Hitze ein Jackett übergeworfen, und wurde erst beachtet, als er sich als Expeditionsleiter vorstellte. Andrian erzählt, dass es mit dem Bus damals noch acht Stunden gedauert hätte, um von Tirana nach Vlora zu kommen.

Das Zielgebiet war mit Bedacht gewählt worden. Alt-Qeparo liegt malerisch auf einem felsigen Hügel oberhalb der weitläufigen Bucht von Borsh und überblickt den Ausgang eines Flusstals. Sowohl die Berge als auch die Buchten und der feine Sandstrand sind von hier aus zugänglich. Über Monate waren die Bewohner von Qeparo und Umgebung auf den Besuch vorbereitet worden. Trekkingrouten nach Kudhës waren markiert und Wege in die Berge, nach Kuç und Golem, ausgekundschaftet worden. Sogar einen amerikanischen Englischlehrer hatte man auf Dauer in Alt-Qeparo stationiert, um einerseits an der Schule zu assistieren und andererseits den interessierten Erwachsenen (und Gastgebern in spe) englische Grundvokabeln beizubringen.

– *Howare youssir!*

Unruhe machte sich breit, als der junge Englischlehrer das Kapitel „Begrüßung" für abgeschlossen erklären und von den Begrüßungsformeln zur namentlichen Vorstellung fortschreiten wollte. Was denn mit den anderen Familienmitgliedern sei? Man müsse sich doch auch nach deren Befinden erkundigen! Wie es der Familie ginge, der Großmutter, den Kindern? Der Lehrer sorgte für Beruhigung: Dies sei im Norden nicht so üblich. Zumindest nicht zwischen Fremden. Ebenso wie in Albanien aber würde auch in England die Frage nach dem Befinden stets mit „gut“ beantwortet. Nur die Deutschen, die würden diesbezüglich eine Ausnahme bilden, da müsse man vorsichtiger sein, mit der Frage nach dem Befinden.

Das gesamte Dorf begann beflissen zu üben und auch die Alten hatten begonnen, es den Jüngeren gleich zu tun und sich des Abends beim *xhiro* auf Englisch zu begrüßen:

– *Howare youssir!*

– *Howareyoutoo!*

Im Mai hatte es noch einen Probedurchlauf gegeben, Andrian war mit zwei Briten die Strecken abgelaufen, hatte die Dörfer und die Unterkünfte besichtigt. Ein paar Monate vor der Anreise wurden dann dreißig oder vierzig Familien ausgewählt, bei denen die Engländer untergebracht würden. Ein Entgelt wurde ausgemacht und die Standards vereinbart. Die Familien bekamen eine Art Training, das ihnen die Bedürfnisse und Eigenheiten des anstehenden Besuchs nahebrachte: Heißes Wasser würde dieser ständig brauchen, die Kleidung beinahe täglich wechseln und Unmengen an Toilettenpapier benötigen. Unbedingt bräuchte es ein „Leselicht“, weil die Briten sich nicht mit der Sonne schlafen legen würden, sondern nach Gutdünken. Die Gästeräume wurden eingerichtet, die Duschen begutachtet und letzte Details geklärt. Wenige Tage vor Ankunft der Engländer aber schlug die frohe Erwartung in leise Nervosität um. Die Abendessen verliefen stiller als gewöhnlich und anstatt Fußball zu schauen, machte der eine oder andere Familienvorstand einen Rundgang durchs Haus, um alle Lampen zu prüfen. Denn das Licht müsse „ausnahmslos“ funktionieren, dies hatte man ihnen eingeschärft. Die Hausherrin besah von Neuem die bereitgelegten Laken, denn es hatte geheißen, diese dürften „unter keinen Umständen“ Flecken oder Löcher aufweisen. Nur die Kinder, die kümmerten sich um nichts, außer um die neuesten englischen Vokabeln, die sie den amerikanischen Filmen auf RAI DUE entnommen hatten.

– *Fuckyou!*

– *Fuckyoutoossir!*

Dann schließlich, Anfang September 1996, fuhren in Neu-Qeparo zwei Albturist-Busse und ein nigelnagelneuer Mercedes-Transporter vor. Die Busse blieben unten am Meer stehen und der Mercedes-Transporter übernahm in mehreren Fahrten den Gepäcktransport nach Alt-Qeparo, dieweil die Engländer auf die verschiedenen Dörfer und Haushalte verteilt wurden. Vermutlich kamen sie an diesem ersten Abend ebenso an einem übervollen Tisch zu sitzen wie ich zehn Jahre später in Naraç und wurden mit unverhohlener Neugierde und großer Offenheit empfangen.

Sicherlich wurde ihnen Raki offeriert, denn auf den Bierdurst der Engländer hatte niemand die Dorfbewohner vorbereitet. Bier war damals noch vergleichsweise teuer und nur in der Bar zu haben. Daher war auch die kleine Bar in Alt-Qeparo an den ersten Abenden etwas überfordert, versuchte dies aber mit steigenden Preisen für die einzelnen Flaschen wettzumachen: Hatte das Korça anfangs noch 120 Lek gekostet, war der Preis bei der zweiten Flasche schon auf 150 geklettert, um sich wenig später bei 200 Lek einzupendeln. Dies sorgte für etwas Unmut unter den Briten, nicht weil 200 Lek zu teuer gewesen wäre, sondern weil man sich übers Ohr gehauen fühlte. Davon konnte jedoch keine Rede sein, der Barbetreiber hatte lediglich das Marktgeschehen ein paar Stunden lang beobachtet und das begrenzte Angebot schließlich preislich auf die steigende Nachfrage abgestimmt. Am nächsten Tag würde er mit den Einnahmen des Vorabends die Vorräte so gut es ging aufstocken, zwei Maultiere anstatt nur einem satteln, und soviel als möglich an Korça-Kästen von der Küste hoch nach Alt-Qeparo transportieren. Anschließend würde er den einzigen Kühlschrank bis oben hin befüllen und den Rest der Flaschen im Wassertrog kühlen. Und wenn die Fremden es nicht übertreiben würden, dann bliebe der Bierpreis von nun an auch stabil!

Nach dem Frühstück wurden die Briten jeweils abgeholt und Tag für Tag nach einem ausgeklügelten Plan beschäftigt: die einen gingen Kajakfahren, die anderen in die Berge und die dritten wurden im Transporter zu entlegenen Buchten gefahren, um im Tauchgang die ionische Wasserwelt zu erforschen. Letztere Aktivität sollte die einzige bleiben, die als leichte Enttäuschung empfunden wurde, denn viel mehr als ein paar Felsen, Seeigel und Seesterne hatte man unter Wasser nicht ausmachen können. Spektakulär hingegen verliefen die teils mehrtägigen Wanderungen in die Berge, nach Kuç und Golem. Den abgelegenen Dörfern war die Ankunft der Fremden ein Fest und sie wurde als solches gefeiert. Natürlich wurden die Dorfbewohner von der Reiseleitung dafür bezahlt, einen Hammel zu schlachten, ein Feuer zu entzünden und den Besuch zu verköstigen. Dass sich aber wirklich fast das gesamte Dorf versammeln würde, noch dazu größtenteils in alter Tracht, also dem außergewöhnlichen Anlass angemessen, das hatte so keiner voraussehen können.

Während der zehn Tage war es lediglich zu zwei Zwischenfällen gekommen. Es hatte einen Diebstahl und einen Fall von Belästigung gegeben, ansonsten aber war alles gut verlaufen. Na gut, drei Zwischenfälle, denn einer der Briten war von den Dorfbengeln beleidigt worden:
– *Fuckyoussir!*
Der Barbier wird ein wenig draufgeschlagen haben, als drei Briten im Rahmen einer Mutprobe sich bei ihm rasieren ließen. Aber das ist normal, den Standardtarif bei den Barbieren bekommen nur die wiederkehrenden Kunden und davon konnte ja keine Rede sein. Der Mercedes-Transporter

bzw. der Umgang mit diesem hatte auf albanischer Seite für Unverständnis gesorgt bzw. zu der Annahme geführt, Engländer könnten nicht vernünftig Auto fahren, welche ich hiermit unwidersprochen stehen lasse. Ansonsten hatte man sich erstaunlich schnell aneinander gewöhnt, die kleineren Kinder hatten schon am ersten Abend nach kurzer Zeit damit aufgehört, die Fremden aus großen Augen zu betrachten, und für die Erwachsenen war der Umgang mit den Ausländern spätestens am dritten Tag zur Routine geworden.

Das Experiment war also geglückt. Und es hätte ohne Zweifel eine Fortsetzung gefunden, wenn nicht etwas dazwischen gekommen wäre: Albaniens erneuter Zusammenbruch. In Albanien hatten sich mit der kapitalistischen Wirtschaftsweise eine ganze Reihe an Vereinen, Stiftungen und Firmen etabliert, die den Albanern ganz hervorragende Renditen für ihre Einlagen boten. Als Pyramidensysteme, *Skema piramidale*, ging die Geldeinsammelei in die albanische Geschichte ein, was andernorts als Schneeballsystem bezeichnet wird und verboten ist: Die ersten Einzahler werden mit den Geldern der nächsten ausbezahlt, die nächsten mit dem der übernächsten. Dies geht solange gut, wie sich ausreichend Gutgläubige finden, die weiterhin in etwas einzahlen, was von Anfang an als Betrug in großem Maßstab geplant ist. Der Bankensektor war damals in Albanien noch völlig unterentwickelt, die meisten Albaner verfügten noch nicht einmal über ein Konto. Arbeit und Güter wurden bar bezahlt und die Überweisungen der Auslandsalbaner trafen über Western Union ebenfalls bar ein. An der Regierung waren seit 1992 Sali Berisha und die Demokraten und unter Demokratie wurde verstanden, sich möglichst nicht einzumischen, die Schmuggler und Menschenhändler von Vlora ebenso gewähren zu lassen wie die Waffenmafia im Norden und eben die Hochzinsgeschäfte. Die Lizenzen für ebendiese Geldgeschäfte wurden von der albanischen Administration bedenkenlos erteilt, jegliche Kontrolle durch die Finanzbehörden wurde versäumt. Es gibt nicht nur Grund zu der Annahme, sondern zahlreiche Indizien, dass die politische Kaste wenn nicht beteiligt war, so zumindest zu den Mitwissern und den Profiteuren gehörte: Noch 1996 segnete die Demokratische Partei ein Gesetz ab, das es den Geldsammelvereinen erlaubte, ohne Sicherheitseinlagen zu operieren, und ließ sich den Wahlkampf, der zur Wiederwahl von Ministerpräsident Berisha führte, maßgeblich von den Pyramidenfirmen finanzieren. Außerdem ist es mehr als wahrscheinlich, dass über das albanische Anleihewesen im großen Stil international Geld gewaschen wurde, nur so konnte die Pyramidensysteme über die Jahre wachsen und eine solch kritische Größe erreichen. Der Internationale Währungsfonds hatte seit der Machtübernahme der Demokratischen Partei die Fortschritte Albaniens auf dem kapitalistischen Weg Jahr für Jahr gelobt – die sinkende Inflation, das steigende Bruttosozialprodukt – und sogar als Modell für Osteuropa dargestellt, sich dann aber doch dazu durchgerungen, eine

Regulierung des Anleihesystems zu fordern. Dies verhallte ungehört, vermutlich weil es schlicht zu spät war. Der Virus des schnellen Geldes hatte eine ganze Gesellschaft erfasst, so manch einer hatte Haus und Hof zu Geld gemacht, um von der vermeintlichen Ralley zu profitieren. Noch Ende 1996 warb die Firma von Rrapush Xhaferi auf Plakaten mit der Verdreifachung der Einlagen innerhalb von drei Monaten – kurz bevor im Dezember die Schalter der ersten Pyramidenfirmen schließen mussten, die Staatsanwaltschaft Ermittlungen aufnahm und die Renditezahlungen ausblieben. Insgesamt hatten die Albaner mehr als eine Milliarde US-Dollar in das betrügerische System gesteckt, von der am Ende lediglich ein Viertel sichergestellt werden konnte. Ministerpräsident Sali Berisha war selbst dann nicht müde geworden zu behaupten, die Anlagen seien sicher, als der komplette Zahlungsausfall schon absehbar war. Später versprach er Entschädigungen, ohne jedoch zu wissen, wo das Geld dafür herkommen sollte.

In Vlora kam es Anfang 1997 zu ersten Massenprotesten, in Tepelena wurde bald darauf zu den Waffen gegriffen und in Lushnja brannten Kommunalverwaltung, Gerichtsgebäude und das Büro des Staatsanwaltes, nachdem eine zunächst friedliche Demonstration auf gepanzerte Einheiten aus Tirana getroffen war und sich der Volkszorn entladen hatte. Militärdepots wurden gestürmt, bei Fier und Vlora Barrikaden errichtet und der Süden Albaniens vom Norden abgeschnitten. Die Bevölkerung bewaffnete sich, lokale Banden und die Mafia übernahmen mit

Einbruch der Dunkelheit die Straßen, Militär und Polizei sahen untätig zu, liefen über oder zogen sich zurück. Bald darauf brannten auch in Tirana Autos, Regierungsgebäude wurden geplündert und Schüsse fielen. Landesweit wurden Schulen, Verwaltungen und Parteibüros dem Erdboden gleichgemacht, wortwörtlich in die Luft gesprengt oder abgefackelt. Der Zorn wendete sich gegen alle Symbole dessen, was den Albanern zwei Generationen zuvor die traditionelle Lebensweise genommen hatte, gegen die staatliche Ordnung an sich: gegen Staat, Bildung, Militär, Polizei, Verwaltung, Industrie. Auf den Straßen herrschte Chaos, jeder kontrollierte jeden, überall gab es Wachposten und Straßensperren. Die Türen der Gefängnisse öffneten sich, weil die Wärter nach Hause gegangen waren. Das Land stand Kopf und mit Anfang März begrenzte sich der Machtbereich der Regierung auf wenige Kilometer zwischen Rognerhotel und Regierungssitz, nur dort ließ Berisha noch Polizei und Militär auffahren, der Rest Tiranas und des gesamten Landes wurde sich selbst überlassen: Der Staat hatte aufgegeben, nicht nur aus Schwäche, sondern wohl auch aus Kalkül. Am 15. März landeten Helikopter der US-Armee auf dem Botschaftsgelände und Marineinfanteristen evakuierten die verbliebenen US-Bürger. Bereits am Tag zuvor hatte ein deutsches Geschwader der bei Sarajevo stationierten SFOR trotz der unsicheren Lage Botschaftsangehörige ausgeflogen und war in einen Schusswechsel geraten: das erste Gefecht der Bundeswehr seit 1945.

Der letzte in Qeparo verbliebene Ausländer war der amerikanische Volontär, der die Schüler und Dorfbewohner weiterhin Englisch unterrichtete und sich trotz der Umstände entschlossen hatte zu bleiben: Denn diese seien zum einen vorübergehender Natur und würden zum anderen vielleicht Vlora und Saranda betreffen, mag sein auch Himara, nicht aber Qeparo und schon gar nicht Alt-Qeparo! Er hatte sich getäuscht, denn seine Regierung war anderer Meinung, wusste über seinen Aufenthaltsort Bescheid und trug Sorge, jeden einzelnen, wirklich jeden ihrer Staatsbürger aus Albanien zu evakuieren. So kam es, dass an einem regnerischen Morgen Mitte März ein Schnellboot in Qeparo anlandete, drei schwerbewaffnete Marines an Land sprangen, um den gewundenen Weg nach Alt-Qeparo in voller Montur hinauf zu stürmen, dort den verblüfften jungen Landsmann ausfindig zu machen und ihn gegen seinen Willen außer Landes zu bringen.

Zurückkehren

Mitte September kam ich nach Gjirokastra zurück. Ich stieg früh am Morgen durch die Neustadt von der Seite her hinauf, folgte einer steilen Pflasterstraße, kam aber gar nicht erst bis zum Bazar oder zum Hotel Sopoti. Stattdessen wurde ich von einer ganz in schwarz gekleideten alten Frau abgefangen und in ihr Apartment geschoben.

– Aber ich wollte doch zum Sopoti!

– Und warum das? Dort hast du ein schäbiges Zimmer, hier eine Küche, ein Sofa, ein Schlafzimmer. Du kannst sogar Gäste empfangen, wenn du willst!

Das Sofa, das war natürlich ein Argument. Ohne Sofa kann man nirgends Gäste platzieren. Und wenn man keine Gäste platzieren und bewirten kann, dann ist man ein Nichts. Ich erinnere mich an eine Email von Alfons, verschickt noch an dem Tag, als es ihm und seinem Mitbewohner gelungen war, ein altes Ecksofa zu erwerben, es anliefern zu lassen und in der kleinen Wohnung in Tirana aufzubauen. Im Betreff stand:

– *We live like Pashas now!*

Das war die einzige Zeile, die mir Alfons sandte, der Rest bestand aus Fotos. Zu meiner Zeit in Tirana hatte ich mangels Alternative noch auf dem Boden geschlafen, die Mahlzeiten hatten wir im Schneidersitz eingenommen, die Tomaten, Zwiebeln und den Käse auf dem Teppich vor uns ausgebreitet. Wenn Gäste gekommen waren, wenn Imer und Serge das Ladengeschäft geschlossen hatten und hinaufstiegen zu uns, dann stellten sie Raki dazu, brachten Brot mit und saßen mit uns im Kreis. Wie also hätte ich ins Sopoti gehen können, wenn mir jemand ein kleines Apartment samt Sofa zum gleichen Preis anbot – zumal mir schien, dass das Geld bei der Witwe gut aufgehoben war? Es gab die üblichen Verständigungsprobleme, die uns aber nicht daran hinderten, herauszufinden, dass ich Kujtim kannte, dessen Frau sie wiederum zu ihren Freundinnen zählte. Das gab ein Hallo!

Ich glaube, dass es zu den Pflichten eines Reiseschriftstellers zählt, Orte erneut zu besuchen, zurückzukehren: unter anderen Umständen, zu einer anderen Jahreszeit. Ebenso glaube ich, dass es unbedingt nötig ist, Zeit zu haben. Nur die Zeit erlaubt es, sich einzulassen, abzuwarten, auszuprobieren. Das Abenteuer mag ein Pfeil sein, die Eindrücke mannigfaltig, aber um Erfahrungen zu gewinnen, braucht es die Kreisbewegung, die Wiederkehr. Man muss zurückkommen, um gehen zu können. Man muss den Kreis schließen, weil er sonst unabgeschlossen bleibt.
Alles in Gjirokastra war so, wie ich es ein halbes Jahr zuvor vorgefunden hatte – in Gjirokastra zu sein, das war, als ob man ein gewohntes Kleidungsstück aus dem Schrank holt und von neuem trägt, weil der Sommer vorbei war, weil der Herbst begonnen hatte. Ich lief zum Bazar hoch, diesmal von der anderen Seite, an Floras Mikrorestaurant vorbei,

grüßte den Geldwechsler und machte bei Altin Station. Altin grinste mich an, rückte den Stuhl an meinem Tisch zurecht und kam mit einem doppelten Espresso wieder:
– Gelogen hast du also nicht.
– Wie meinst du?
– Du hast doch gesagt, du kommst wieder.
Das Wort geht schneller in Gjirokastra um, als man selbst. Deshalb wusste Fatjon schon von meiner Anwesenheit, bevor ich im MAPO aufschlug, deshalb fand sich Kujtim dort ein, noch bevor ich mein erstes Bier geleert hatte.
– Morgen gehen wir nach Antigonea!
beschloss Kujtim, bevor er mich in den Nachmittag entließ. Er habe zu tun, müsse in die Neustadt, aber zum abendlichen *xhiro* würden wir uns bestimmt treffen.

Sonderbares geschah an jenem Tag in Gjirokastra. In der Bazar-Straße waren großformatige Plakatständer aufgestellt worden, auf welchen die Straße in renovierter Form dargestellt war: Alle Gebäude sahen glatt und identisch aus, hatten die gleichen Fenster implantiert bekommen und beherbergten ausgeleuchtete Shops. Der Bazar von Gjirokastra sah auf den Bildern aus wie eine einheitliche Einkaufspassage, so seelen- wie geschichtslos. Den Bildern zufolge würden die verschiedenartigen Markisen über den Ladengeschäften und Bars, die in verschiedenen Farben in unterschiedlichem Grade ausgeblichen waren, ebenso weichen müssen, wie die uneinheitlichen Türen und die alten Fenster.

Unten beim Hotel Sopoti waren einige Reihen Stühle aufgestellt worden, ein Podest und eine Leinwand. Die Kulturministerin und der Vizepremier wurden samt Entourage erwartet, vor dem Çajupi fuhren schwere Wägen mit Tiranaer Kennzeichen vor, der Vize flog per Helikopter ein. Die Stuhlreihen füllten sich, die Kleider saßen, die Anzüge waren ohne Fehl. Der Vertreter von US-Aid saß versunken und säuerlich auf seinem Stuhl, er trug Grau und machte sich nicht die Mühe, den elektronischen Babelfisch in sein Ohr zu stecken. Mehrere Kamerateams hatten Position bezogen, zahlreiche Reporter umschwirrten die wichtigen Gesichter. Lächelnd und lachend, kokett und auf Wirkung bedacht, sprach die Kulturministerin und fuhr sich dann und wann durch das lange, offene Haar. Ein Imagefilm wurde gezeigt, der nichts, aber auch gar nichts mit dem Gjirokastra zu tun hatte, das ich kennengelernt hatte: Die Eingangssequenz zeigte gut angezogene Menschen auf einer neuen, graugepflasterten Plaza, die folgenden Einstellungen zeigten die renovierten Läden des Bazars, in die Vodafone eingezogen war, Zara und H&M. Es nahm sich aus, wie ein chinesischer Nachbau der alten Stadt. Nach dem Abspann gab es Applaus aus den Stuhlreihen, nicht aber von der umstehenden Bevölkerung, die grüppchenweise das Geschehen beobachtete. Die Grüppchen standen in ein paar Schritten Entfernung, die Männer hielten die Arme verschränkt, warteten ab und schienen unsicher, schienen bemüht, eine Souveränität zu wahren, die sie nicht hatten. Die Frauen lehnten sich an die Hauswände oder

in die Türrahmen und wahrten ihrerseits Abstand zu den Ordnern, zu den Lautsprechern und Vortragenden. Mir schien, als hörten sie gar nicht wirklich zu, als hätten sie von vorne herein kein Zutrauen in das Gesagte. Niemand hatte mit den Ladenbesitzern gesprochen, es gab keine Informationen über Termine, über den Beginn und das Ende der Arbeiten. Niemand wusste, was geschah und was geschehen würde. Misstrauen und Demut zugleich schienen mir die Grundhaltung zu sein. Es planten und sprachen die Mächtigen, die Ohnmächtigen standen dabei. Der nächste, der das Wort ergriff, war der säuerliche US-Aid-Vertreter, er lobte sich selbst und die paar hunderttausend Dollar, die seine Organisation zur Verfügung stellen würde, welche gewiss dafür ausreichen würden, einige Wände zu verschalen, Beton hineinzuspritzen, auf dass jene nach zwanzig Jahren wieder ruiniert wären. Oben an der Kreuzung hatten sie vor Jahren schon ein Dach erneuert, nicht aber das Gebälk, welches dann nachgegeben hatte unter der Last.
Als die Vorträge und Grußworte zu Ende waren, zerschnitten der Vizepremier, die Kulturministerin und der US-Aid-Vertreter auf der Bühne ein symbolisches Band. Dann bewegte sich der ganze Trupp in eine Nebenstraße – die Wichtigsten gingen vorneweg, die Unwichtigeren folgten. Dort begann ein Arbeitertrupp eine halbverfallene Mauer einzureißen, genauer: Sie rissen jene Steine hinunter, die sie zuvor selbst auf die morsche Mauer aufgesetzt hatten, ohne Zement zu benutzen. Unmittelbar nachdem der Politikertross sich weiterbewegt hatte, hörten sie zu arbeiten auf, sammelten

die Gerätschaften ein, verfrachteten diese in ein Auto und zogen ebenfalls ab. Noch vor dem Abend würden die Plakate wieder eingerollt, die Aufsteller und die Planen weggeschafft sein: Der Spuk würde vorüber sein.
– Geh zum Çubate-Haus, sagte mir die Besitzerin des Souvenirladens, dessen Fassade seit wenigen Stunden unter einer Plane verborgen lag:
– Schau dir das Çubate-Haus an! Es ist von der gleichen Firma renoviert worden, die jetzt den Auftrag für den Bazar bekommen hat. Du wirst schon sehen.
Ich ging zum Çubate-Haus.

Kein Schild weist den Weg zum Haus der Familie Çubate, obschon es sich ebenso wie bei dem Haus der Zekates oder dem der Kadares um einen klassischen osmanischen Bau handelt: mehrstöckig, unten aus Stein, oben aus Holz und Lehm. Unten sind die Wirtschaftsräume, die Zisterne, die Stallungen und die Vorratskammern. Zwei Türme, zwei *Kullas*, flankieren das Ensemble. Das Zekate-Haus ist weitgehend im Originalzustand und wird von der Familie selbst verwaltet, wohingegen das Geburtshaus des berühmtesten albanischen Schriftstellers, Ismail Kadare, zu Tode renoviert wurde. Großformatige Glasscheiben sind dort eingesetzt, wo zuvor nur Schießscharten waren, moderne Kunst wurde wahllos im Gebäude verteilt, die neuen Holzgeländer der Treppenaufgänge sehen aus, als wären sie von IKEA angefertigt worden. Ismail Kadare hat die Stadt verlassen als er siebzehn war, 1953. Wenn er auf ein paar Tage in seine Heimatstadt zurückkehrt, die auch der Geburtsort Enver Hoxhas ist, dann nächtigt er im Hotel Çajupi. Dass seinem Familiensitz alles ausgetrieben wurde, was atmosphärisch hätte sein können, das ist egal, denn Kadare hat die Welt mit der *Chronik aus Stein* beschenkt, dort ist sein Gjirokastra konserviert. Sollte es also gelingen, die Altstadt und das Bazarviertel mit amerikanischen Geldern zum musealen Einkaufszentrum zu machen, immerhin bliebe uns ein Buch! Nimmt man jedoch das Çubate-Haus zum Maßstab, dann besteht kein Grund zu der Sorge, die anstehenden Renovierungen könnten eine aalglatte Stadt hinterlassen: Zwar fehlen die Fenster im Çubate-Haus, die steinernen Fassaden sind jedoch ausgebessert und das Hauptdach schien mir ebenfalls instand gesetzt. Ich strich um das Gebäude herum und glaubte meine Befürchtungen schon entkräftet, bis sich die Tür öffnete und der einzige Bewohner erschien. Er bat mich hinein. Es war ein grauenvolles Bild: die Zwischengeschosse waren weggeschlagen, die Hälfte des Hauses lag in Trümmern. Die alten Lehmwände der oberen Geschosse bröckelten, die Steinmauern des unteren hatten Risse, sämtliche Türen und Türstöcke fehlten. Zwischen den unteren Wänden hatte er eine Wäscheleine aufgespannt, sein Lager auf Steinquadern aufgeschlagen. Brennholz lag um eine rostige Tonne herum, die auch als Kochgelegenheit diente. Ein alter Kühlschrank brummte in einer Ecke, Strom gab es. In einem fensterlosen Raum standen zwei mürbe Sessel, eine Wanduhr aus Plastik zeigte auf zehn nach fünf. Neben seinem Lager hatte er Eierkartons gestapelt, ich nahm an, diese ließen sich zu Geld machen. Es war trostlos, nichts war in Ordnung, das Haus nur von außen intakt.

– Ob ich fotografieren dürfe?

– Nur zu, nur zu! Mir kann nichts passieren, mir ist schon alles passiert.

Ich müsse mir keine Sorgen machen, sagte Kujtim später beim *xhiro*. Ein oder zwei Häuser würden vielleicht renoviert werden, dann aber sei Schluss. Politik in Albanien bestünde zu 90 Prozent aus Ankündigungen, aber nur ein Zehntel davon würde auch verwirklicht werden. Ob ich mich an Berishas Tunnel erinnern würde: Das entscheidende Teilstück der Autobahn in den Kosovo? Dieses sei zwei Wochen vor der Wahl eingeweiht worden und zwei Wochen nach der Wahl seien Teile des Tunnels wieder eingestürzt. Fatjon war anderer Ansicht. Fatjon sah schon die Telekomfiliale mit Argwohn, die sich gegenüber dem MAPO eingenistet, ein Leuchtschild installiert, die Wände herausgerissen und großflächig Glas eingesetzt hatte – so dass jeder, der während des Sommers den Laden beträte, sich in einer Sauna wiederfände, sobald wieder mal der Strom und damit die Klimaanlagen ausgefallen seien. Und was hatte denn diese Farbe, dieses rötliche Lila, dieses lilane Pink, dieses granatapfelfarbene Fuchsia in einer so alten Stadt wie der Stadt aus Stein zu suchen: der Stadt, die von jeher grau schimmerte im Sonnenlicht, deren Häuserwände immer schon sämtlich weiß getüncht waren, deren Straßen

wie Stiegen die Hänge hoch zogen, zu den einzelnen Vierteln, hinauf nach Dunavat, hinüber nach Manalat, deren Dächer, kleinen Pyramiden gleich, aus geschichteten Steinplatten bestanden? Sollen sie doch unten bleiben, in der Neustadt, mit ihrem Beton, dem Stahl und der Reklame, sagte Fatjon und fügte nach einer Pause hinzu:
– Weißt du, ich würde gerne gehen! Für vierzig Jahre würde ich Gjirokastra verlassen. Dann bliebe es mir so in Erinnerung, wie es jetzt ist.

Anderntags wachte ich früh auf, übersprang den Kaffee am Bazar, um hinunter zu laufen, in die Vorstadt, zu den Siedlungen am Hang, wo Kujtim wohnte. Dieser wartete bereits in der Bar an der Kreuzung nahe seinem Haus. Er hatte einen Fahrer organisiert, der uns durch die Talebene auf die andere Seite fahren würde, an die Flanke der Lunxhëria-Kette. Seine Frau hatte uns Verpflegung mitgegeben, hart gekochte Eier, Tomaten und *Byrek*. Der Fahrer fuhr uns durch das Dorf Asim Zeneli, das nach einem albanischen Partisanen benannt ist und wo eine der ersten kommunistischen Landwirtschaftskooperativen gegründet wurde, und setzte uns in Krina ab, an den ersten Hügelzügen. Wir liefen die Straße entlang, höher und höher in Richtung Saraqinisht, kürzten über das Feld ab und standen nach wenigen Kilometern auf einem flachen Hügel, einem Ausläufer der Lunxhëria, am Eingang zur antiken Ansiedlung Antigonea – gegründet vom epirischen König Pyrrhus und nach dessen Gattin benannt. Wir standen zwischen den Grundmauern, den Säulen, den Plätzen, wir schritten die alten Steine ab und wunderten uns über zwei ungleiche Aussparungen in einem Steinblock, bis uns einfiel, dass dies der Marktplatz gewesen sein musste und der Steinblock mit den Aussparungen eine Maßeinheit. Pyrrhus wurde berühmt für seine Siege, die keine waren, weil sie zu teuer erkauft wurden. Gegen Rom war er gezogen, war im dritten Jahrhundert vor Christus mit über zwanzigtausend Mann und zwanzig Elefanten nach Apulien übergesetzt und schlug unter großen Verlusten die römischen Kohorten bei Asculum (heute: Asculi Satriano). Plutarch legt Pyrrhus in den Mund: „Sind wir noch einmal siegreich gegen die Römer, so sind wir verloren!" – was bleibt, stiften die Dichter. Ebenfalls bei Asculum wird siebzig Jahre später Hannibal, der Karthager, geschlagen, das römische Reich erstarkt, führt gute zehn Jahre später Krieg gegen König Phillip von Makedonien und bestraft diejenigen Städte, die mit den Makedoniern paktiert hatten, darunter das epirische Antigonea, mit Brandschatzung und Plünderung. Antigonea wird nie wieder aufgebaut, die Anhöhe wird verlassen, die Steine bleiben liegen. Knapp zweitausend Jahre später wird ein albanischer Archäologe mit Ausgrabungen beginnen.

Wir saßen mitten im steinernen Müll der Jahrhunderte unter einem Walnussbaum und packten das *Byrek* aus. Schräg gegenüber, auf der anderen Seite des Tals, zu den Füßen des Mali i Gjëre, glänzten die Schindeldächer der Silberstadt, die fünf Finger Gjirokastras, die fünf besiedelten Bergrücken, streckten sich in das Tal, die Festung, die Moschee und die einzelnen Viertel waren klar auszumachen. Häuser, die fünfhundert Jahre halten, wie die Gjirokastras, solche werden nicht mehr gebaut. Die Steine, die in zweitausend Jahren noch da wären, wie die Antigoneas, wurden durch Beton ersetzt, der schon nach wenigen Jahrzehnten von der Witterung angenagt wird. Und ich bezweifle, dass jemand die Artefakte unseres Zeitalters, die Tonnen voll von radioaktivem Abfall, die Deponien voller Plastikmüll, voller Gummireifen, voller Teile von elektronischen Geräten und verrottenden Karosserien in weiteren tausend Jahren freiwillig ausgraben wird. Wir leben in dem ersten Zeitalter, für das es kein Museum mehr geben wird. Ich bin mir nicht sicher, ob dies ein Privileg darstellt.

Corona Heineken Paulaner

Mit dem ersten Furgon des Tages fuhr ich nach Saranda, um nachmittags die Fähre nach Korfu zu nehmen und abends nach Berlin zu fliegen. Eigentlich hatte ich in Saranda noch ein paar Tage verbringen wollen, um vielleicht nach Ksamil hinunter zu fahren und die Ausgrabungsstätten von Butrint endlich zu sehen, aber ich war erneut in Gjirokastra festgehangen und es war mir nicht möglich gewesen, ohne Not die Stadt zu verlassen. Erst im letzten Augenblick hatte ich den Aufbruch bewerkstelligt.

Über die Hügelkette ging es hinunter in die sichelförmige Bucht von Saranda, die Betonbauten der Stadt lagen hell und klar in der Mittagssonne, das Meer war spiegelglatt. Im Hafen lag ein riesiges Kreuzfahrtschiff vor Anker: Die MS Poesia hatte einige tausend italienische Touristen ausgespuckt und ihnen Landgang verordnet. Die meisten waren nicht weit gekommen, sie saßen in den Bars und Restaurants der Promenade, und die Kellner wussten nicht mehr, wo ihnen der Kopf stand. Ich fand trotzdem ein freies Plätzchen am kleinen Hafen, in der Bar Limani (Nomen est omen und *Limani* türkisch für Hafen), und bestellte ein Bier:

– *Një birrë, ju lutem!*

– *What beer you want?*

– *Ka Elbar, Korça?*

– *No, we have Corona, Heineken, Paulaner.*
Ich hatte Zeit, ich gestattete mir ein wenig Leerlauf und beobachtete zunächst ein Pärchen, dass sich ob der Essensauswahl unwiderruflich zerstritt, zählte dann die Boote im Hafen (es waren über dreißig) und begann daraufhin, die Aufschriften auf T-shirts zu studieren. *Life is better with music* stand dort zum Beispiel zu lesen, nichts dagegen einzuwenden, aber Nietzsche hatte das eindrücklicher formuliert: Ein Leben ohne Musik sei ein Irrtum. Ganz angetan war ich von den drei rosarot-gestickten Totenköpfchen mit gekreuzten Knöchlein aus silbrig-glänzenden Applikationen, darunter stand zu lesen: *Funny Bones*. Wer dachte sich so etwas aus? Mich befiel die fixe Idee, jede Person, deren T-shirt einen Schriftzug trägt, unnachgiebig, gnadenlos und ohne Augenzwinkern zur Rede zu stellen, so als wäre ich von dieser Schrift zum Streitgespräch aufgefordert worden:
– Was genau meinen Sie damit? Und wie meinen Sie es?
– …
– Was?! Na, jetzt hören Sie mal, Sie werden doch nicht ohne jeden Grund…?
Zeit, diese Phantasie an Ort und Stelle in die Tat umzusetzen, blieb mir jedoch nicht, die Fähre würde in zwanzig Minuten ablegen, es wurde Zeit aufzubrechen.
– *Dua të paguaj.*
– *Sorry?*
– *I would like to pay.*

Das Rund der spätsommerlich kahlen Hügelketten schien die Bucht zu umlagern wie eine Herde schlafender Elefanten. Je weiter sich das Boot entfernte, umso größer wurden die Berge des Inlandes, sie wuchsen über die Hügelketten hinweg und streckten sich zu ihrer wahren Größe. Albanien wurde kleiner und Korfu nahm Gestalt an. Ich saß hinten auf dem Schiff und blickte zurück, blickte auf dieses sagenhafte Land, auf dessen südliche Berge, auf ein paar Weiler an der Küste, auf mir unbekannte Flecken oben in den ferneren Bergzügen. Was ist das für ein Land, fragte ich mich. Wer kennt all diese schroffen Berge, diese lang gestreckten, reptilienartigen Rücken mit Namen? Wer war schon in den Tälern hinter den Ebenen, wer kennt die Nebenflüsse und weiß, wo deren Quellen sind? So viele Orte gab es, die noch keiner besucht hatte, weil niemand von deren Existenz wusste, so viel blieb zu entdecken: Wann werde ich nach Vermosh gehen? Wann über Ziegenpfade in die Grammarbucht am Karaburun hinabsteigen? Wann steige ich hinter Permët aus dem Furgon, um diese gewaltigen Bergzüge an der Grenze zu Griechenland, die mir namenlos geblieben sind, näher anzusehen? Wann werde ich in Jale sein, in Durrës oder Shëngjin, um mir während der Saison das Treiben anzuschauen? Wann werde ich nach Zagoria hinaufkommen? Und wann nach Gjirokastra zurückkehren? Nach Peshkopi, nach Naraç, nach Vlora?
Ich weiß es nicht.
Was ich hingegen weiß, was ich mit Bestimmtheit sagen kann, ist, dass ich wiederkommen werde, dass ich bald

wiederkommen werde. Ich werde nicht, wie Fatjon, vierzig Jahre warten wollen, um Albanien so in Erinnerung zu behalten, wie ich es erfahren durfte. Ich werde dieses Land wieder und wieder aufsuchen, mich freuen am Fortschritt, mich ärgern über die Wiederholung von Irrtümern, über Fehler, die in meiner Heimat vor Jahrzehnten genauso gemacht wurden, über die Irrwege, die Aufbruch und Nachholbedarf automatisch mit sich bringen. Freuen werde ich mich, mich aufregen, mitleiden, weil ich dieses Land mag, weil es und seine Bewohner mir am Herzen liegen. Weil ich dort staunen durfte, leben und sein. Weil ich all dies genossen habe und dankbar bin für all diese Entdeckungen, Freundschaften und Erfahrungen.
Saranda und ganz Albanien lagen mittlerweile außer Sichtweite, die Fähre wurde langsamer und wir liefen in den Hafen von Kerkyra ein. Ich war in Albanien gewesen und jetzt war Albanien in mir.

Albanien heute: Die Müllabfuhr kommt unregelmäßig, aber inzwischen kommt sie. Die Dörfer in Meeresnähe werden von Ausländern aufgekauft, übrig bleiben nur die Alten, die Armen und diejenigen, die ihren Lebensunterhalt mit Tourismus bestreiten. Alle anderen ziehen nach Tirana oder gehen, wenn irgend möglich, ins Ausland. Nach wie vor aber werden überall Hühner gehalten, überall kündigen die Hähne den Tag an, nachdem das Bellen der Hunde die Nacht beherrscht hat. Nach wie vor verrichten Esel und Maultiere im Bergland wichtige Arbeit. Nach wie vor wird die gesundheitsfördernde Wirkung des Rakis auch am frühen Vormittag hervorgehoben, wenngleich der hausgemachte Raki neuerdings zudem als „bio“ angepriesen wird. Der Strom fällt nur noch selten aus – und wenn, dann in Vlora oder Peshkopi, nicht in Tirana. In Tirana hat der junge Bürgermeister die unentgeltliche Abgabe von Plastiktüten unlängst verboten. Überall sind Rauchverbote angeschlagen worden, die jedoch außerhalb der großen Hotels niemand beachtet. In Naraç hat sich Alfons inzwischen als Architekt etabliert, ist verheiratet und hat sich auf dem Grund seines Vaters ein eigenes Haus gebaut, ein modernes Haus, einen länglichen, einstöckigen Bau mit großen Fenstern. Die Küche ist eine Insel und steht mitten im weitläufigen, lichten Wohnzimmer. Als der Großvater Alfons besuchen kam, die *Kulla* verließ und aus der Mirdita anreiste, um das Haus in Augenschein zu nehmen, da staunte er nicht schlecht und sprach:

– Dies ist das erste Haus, das ich sehe, welches für friedliche Zeiten gebaut ist!

Postskriptum

Übrigens konnte ich den Grund für die landesweite Vorliebe für Mercedes-Benz unverhofft doch noch herausfinden, bzw. weiß ich, wer schuld daran ist: Dionisis aus Thessaloniki!

Als ich schon auf dem Weg nach Thasos war und in Thessaloniki Station machte, hat mir Dionisis (der dort ein alternatives Kulturzentrum leitet und seine Karriere als Geschäftsmann an den Nagel gehängt hat) erzählt, wie er mit einigen Kollegen eine Erkundungstour nach Albanien unternommen hätte, nur Tage nachdem die Grenzen geöffnet worden waren. Keiner der Beteiligten aber wollte mit dem eigenen Auto fahren, nicht nach Albanien! Daher hätten sie nach kurzer Suche einen alten, schwarzen Mercedes-Benz gefunden, diesen kurzerhand gekauft, um damit aufzubrechen. Als sie in Tirana angekommen seien, hätten die vielen Fußgänger eine Gasse gebildet und angefangen zu klatschen. Das erste private Auto, das unter Applaus in Tirana einfuhr, war also ein Mercedes. Dieser machte Schule, denn viele weitere sollten folgen.

Danksagung

Die Menschen, ohne die es dieses Buch nicht gäbe, sind zahlreich und nicht von allen kenne ich den Namen. Meine Dankbarkeit gilt all jenen, die mir unterwegs weitergeholfen haben, die sich im Furgon umgedreht haben, um mit mir ein Schwätzchen zu halten, die ihre Geschichten mit mir geteilt haben. Den Albanern insgesamt möchte ich danken, für ihre Offenheit, für ihre Neugierde und für ihre Hilfsbereitschaft!

Mein besonderer Dank gilt Dr. Jörg Kuglin (†) und Mia Sedding für die Erstlektüre der einzelnen Kapitel und zahlreiche wertvolle Hinweise. Andrian Vaso möchte ich für seine Gastfreundschaft in Vlora danken, dort habe ich einen wichtigen Teil dieses Buches schreiben dürfen. Doreen Srock hat an entscheidender Stelle den Fortgang dieses Buches befördert, ich bin dankbar dafür! Alfons, Dike und Gjin Sthjefni kann ich gar nicht genug danken, denn ohne die Aufenthalte in Naraç hätte sich mir Albanien nie erschlossen. Blerta Lazebeu hat es unternommen, mir die albanische Rechtschreibung nahezulegen und dieses Buch auf sachliche Fehler hin zu prüfen, lieben Dank dafür!
Meinem Verleger, Jörg Becken, vielen Dank dafür, dass er dieses Buch nicht nur angestiftet hat, sondern mich darüber hinaus einfach hat machen lassen. Last not least, vielen

Dank an Alexander Heer, bei dem ich auf Thasos dieses Buch zu Ende schreiben durfte.
Menduh Zavalani, Imer und Serge, Grehans und Hysen Uka, Bessi G., Kel, Ardit und Bledi Jubani, Valbona, Kujtim, Fatjon, Alketa, Arber und all die anderen: Es sind eure Stimmen und Geschichten, ohne die es dieses Buch nicht gäbe.

Shqipërisë dhe shqiptarëve, me gjithë dashurinë e respektin tim!

April 2018

Jörg Dauscher

Inhaltsverzeichnis

Umschlag, Satz und Layout: Mia Sedding
Druck: BookPress, Olsztyn

ISBN: 978-3-943767-84-1